新・自然音楽療法

# 音楽進化論

山波言太郎 著

# 序 の 言 葉

　もし、その音楽を聞けば、「人はみな性悪から性善に変わる」、これは人類の夢の実現です。世界は政治、経済、教育、医療も、文明が変わります。地球環境も変えられます。

　そんな音楽が「自然音楽」です。もう一つが「リラ・ヴォイス」です。この二つを使うのが自然音楽療法です。

　リラックスして音楽を聞いたり、楽しく歌ったり、リラ・ヴォイス（単純な発声法）で朗読したり、語ったりすればいいのです。これが「自然音楽セラピー」です。

　音楽や声で人の心が変えられます、変わります。声には心が乗ります。自然界の呼吸音（愛の本質をもつ生命エネルギー）も、人が出す愛の心の声も。声は脳で、人に、心に愛をおく作業を行います。

　こうして行えば、人は性悪から性善に変わります。人体の胸と脳に二つの関門があって、愛の心が増量すると、それぞれ開かれます。これが人体の突然変異です。この作業に併行して、全身体から排毒浄化作用が進展します。心身は相関しており、主役は精神でありながら、心身は本源で一つで出来ているようです。

　このような精神と体を一つに結びつけて持っている人体は、肉体のほかに、内奥に見えない体を想定しないと、とらえられないし、とりあつかわれないし、今後の研究は進められません。自然音楽セラピーは、人体を心身相関、一元の形でとらえながら、未来の医療と文明の門を開きたいと思います。ま

だ自然音楽療法は生まれて四年しか経っていないので、人体の無限の未知の宝庫を開きかけたところで、今後の科学の手による更なる解明を待っているところです。

　本書はこの一年間の折々の拙稿を集めたものです。一章ごとに、人体の宝庫を自然音楽セラピーで開いていく、驚きと、発見と、ためらいや勇気と、前途に見る広野が開かれて行きます。人体は愛の心で胸の関門を開けば、全身の内分泌腺が活性化され、中医で言う経絡の気の流れが盛んとなり、自然治癒力が発動します。更に脳幹部位が成長して、頭の関門が開かれると、精神の飛翔が起こり超脱します。人類の性善への確立です。このことが、今、始まったばかりの遺伝子療法などと深くからみ合ってくるでしょう。なぜなら、自然音楽セラピーは人体にある種の変化を起こし、眠っている遺伝子の活性化を進めるのではないかと思われるからです。また、人の体は内奥でつながっているらしいことが分かり始めています。もしそうだとすると、1人10人100人万人が癒えれば、やがて全人類が確実に癒えます。これは人類史の大転換です。

　今、無限の未解明の人体の広野を前にして、やがて、東洋も西洋も一つとなり、精神と身体が一体であり、かつスピリチュアルでさえある未来が開かれていきそうです。自然音楽セラピーは、今そのドアーの把手に手をかけた瞬間にあるような感がしています。

　２０００年９月２１日

山波言太郎

# 目　次

序の言葉　*4*

## 第一編　自然音楽の効果は、親子相関、人間相関

人の体や心はつながっているのか　*12*
いろいろな癒しの相関の例　*13*
人の体はつながっている　*17*
現代科学に問題の石を投げる自然音楽療法　*18*
人の体をつなぐ「縁」とやらは何だろう　*19*
人の体にある別の体について　*21*
媒体があるということは、そこを経絡が走っているということ　*21*
思いきって、根因粒子に目を向けてみませんか　*23*

## 第二編　自然音楽療法が見えてきた
── 人に３つの体、３層のエネルギー ──

第１ステージ　胸チャクラの開花まで　*29*
第２ステージ　体に柱が通るまで　*32*
第３ステージ　経絡の確認、媒体の確認　*41*
第４ステージ　リラの響きの光が見える　*45*

## 第三編　身体を癒す、心を癒す、人間を変える自然音楽セラピー

アンケート調査　*54*

### 第１章　身体の改善

音楽がなぜ肉体の病気を癒すのか　*65*
　　　心は体を操る引き綱なのか　*66*
　　　自然音楽セラピーは、音楽療法とここが違う　*67*

## 第2章　精神の改善

　　　精神改善内容の集計　*70*
　　　精神の深部に手が届く音楽　*71*
　　　精神に手が及んで行く段階　*71*
　　　色々な形式の心の垢排出法　*74*

## 第3章　邪気（心のしこり）の抜け方の、現実と推理

　　　寒気と発疹と嘔吐　*78*
　　　トラウマの場合は、ひどい嘔吐現象　*78*
　　　邪気をどうやって出すのか　*79*
　　　トラウマを超えるのはなぜ厳しいか　*80*
　　　癒しの源泉は、人の内部にある　*81*
　　　自立心で人体は花開く──自然治癒力の開花　*83*
　　　愛（精神）は気と経絡をコントロールできる
　　　　　　　　　→ もう一つの自然治癒力の源泉　*85*
　　　エネルギーの流入、循環、排出。シビレ感、痛み　*86*
　　　見えない体・媒体なしで、自然治癒力は発動しない　*88*
　　　目に見えない体がないと、次の現象は起こらない　*89*

## 第4章　家族や身辺や生活の改善

　　　人と人はつながっているのでは？　*94*
　　　媒体・想念体・縁、三つの前提　*96*
　　　B.Bの驚くべき浄化槽体験　*97*
　　　家族も身辺も生活も変わるのは当然　*99*
　　　心身相関ということ　*100*
　　　身体も精神をコントロールすること　*100*

## 第四編　人間はどこまで進化できるか

アンケート調査　*107*

### 第1章　驚くべき精神の浄化現象（心毒の排出）

1. 集計表を整理してみるとこうなる　*114*
2. 音楽でなぜ精神が改善されるのか　*115*
3. 心の浄化の裏にあるのは、体の浄化現象　*116*
4. 心身相関は、身→心相関であり、心→身相関でもある　*118*
5. 落込みとは何か、心の排毒現象　*119*
6. 落込みの「ヘ．その他」で拾った言葉　*121*
7. もっと浄化を、食品の好みが不意に自然に変化　*122*
8. 「気付き」について　*124*
9. 「気付き」の段階、いろいろな登り方　*126*

### 第2章　人間の進化はどこまで続くか

1. 音楽が魂をいやすとは何か　*130*
2. 自然音楽セラピーが進むと、脳が変化する　*131*
3. 東田医師の実験例、胸の壁越え　*134*
4. 自然音楽セラピーの三大特色　*135*
5. 脳下垂体と松果体の成長が、なぜ大切なのか　*138*
6. 脳下垂体と松果体が進化させられる段階、三つ　*142*
　　［セラピー初期］［準備段階］［進化の第一段階］［進化の第二段階］
7. 脳下垂体と松果体の成長 —— 卵からヒナへの変身　*151*

［進化の第三段階］（マカバ化へ）

8. 卵からヒナへ、ヒナから大鳥へ　*155*
9. こうしてマカバへの道が始まる　*157*
10. 胸チャクラの開花は、人体の歴史の開花　*158*
11. いま、天空人にさしかかっている人は何人いるか　*159*

## 第3章 リラの響きが人類史をつくりかえる?

1. リラの響き発声のいきさつ　*166*
2. いのちを呼吸するルート　*166*
3. 呼吸で、人が天空人に変わる　*168*
4. 人には柱がある ― 宇宙とつながる通管がある　*169*
5. 針の穴から人体の柱は立ち始める　*173*
6. リラは階層的に進歩する　*175*
7. プレシオス・リラについて　*177*

## 第4章 マカバが人体に開く

1. 九牛の一毛の変化　*182*
2. 人体のマカバ化の順序　*182*
3. マカバの機構（形体と働き）　*183*

　　[体外チャクラ開花のための準備段階]　*183*

　　[①第1の段階 ― 体外チャクラの開花]　*185*

　　[②第2の段階 ― アルファとオメガ二つのチャクラ開花]　*187*

　　[③第3の段階 ― アルファ・チャクラと
　　　　　　　　　　オメガ・チャクラの連結（人体の柱）]　*188*

　　[④第4の段階 ― 「マカバ機構」の取り付け]　*189*

（付）身内相関と人体相関について　*194*

結語　*200*

〈追記〉量子論との接点が見える　*205*

## 第五編　〈座談会〉マカバ・リラが生まれるまで　*213*

第一編

# 自然音楽の効果は、親子相関、人間相関

## [人の体や心はつながっているのか]

　西洋医学では、治療をした本人以外にその効果が及ぶことはない。人間はそれぞれ別個の肉体である、これが西洋医学の立場です。ですからAの肉体を治療して、その効果が別個の肉体Bに及ぶことはあり得ない。かりにそれが母と子であっても。東洋医学でも、（西洋医学と違って全人的治療～局所だけでなく全身体の癒し、及び心も相関させた全人の癒しまで理想とはしているが）、現実には生薬使用の場合も、鍼灸の場合も、癒される本人の効果が身内の誰かに、まして他人にまで及ぶということは起こらない。

　しかし、自然音楽療法の場合は（まだ3年ばかりの体験にすぎないが）、癒される本人Aの効果が、親子・夫婦・兄弟・親戚・友人にまで及ぶという現象が起こっている。また本人Aがヒーリングを受けると、上記の人々に反応（下痢・発熱・発汗・頻尿・排痰など）瞑眩とか免徐に似た現象が往々起こることがある。これは一体どうしたことか？

　人の肉体は母子といえども、臍の緒を切断すれば別個のものである。まして夫婦や、他人においておや、それがどうして、Aの癒しが別個の肉体BやCに転移するのだろうか？

　人間の肉体はつながっていない。心は身内や友人にならつながってはいる。しかし、心だって脳の働きつまり作用なら、AとBの脳は別個のものだ、それならその働きである心も別個のものだ。心情ではつながっていても、Aの癒しが別個の脳のBにいかにして伝わり得るのか？

　人の体はつながっているのか、人の心はつながっているのか？　目に見えないつながりがそこにあるのか。現代科学では独立した個体であるAとBの肉体と心は、あるいはつながっているものか？　そのように考えないと、Aの体や心の癒しがBの体と心に及ぶ筈はない。………この不可解なテーマに、自然音楽療法は問題を提起するような、全人療法（心と体の相関療法）であるだけでなく、「人の体はつながっているかもしれない、人類は一つながり

一．自然音楽の効果は、親子相関、人間相関

かもしれない？」、そういう興味ある課題にまで指を突込ませる、ある意味でとんでもない課題を内蔵したセラピーなのです。


〔いろいろな癒しの相関の例〕

　最近の手元にある親子相関、夫婦相関、親族相関、友人相関の例を示してみる。

例１．〈母子ピッタリ相関で改善〉〈夫婦、父子相関〉

　W.Yさん（広島）は、昨年まで６歳の息子さんと時々ヒーリングに鎌倉に来た。その度に、来る車中から二人とも同時に頻尿となり、ヒーリング中も頻尿、終わっても帰る車中まで頻尿。ヒーリング現象の見事な母子相関。二人ともアレルギー体質でアトピーがあり、息子さんには心臓に欠陥があった。この頻尿は浄化作用（体内の老廃物の排出）であり、そのため母子共に体質改善が起こり、重いアトピーは改善進み、息子さんの心臓も順調に維持されている。それだけでなく、母一人で鎌倉にヒーリングに来ると、広島の自宅にいる息子さんに発熱や頻尿がおこり、この母子相関で息子さんは自宅にいながら体質浄化が進んだ。

　このW.Yさんが、更に『MINNAレポート』第28号で次の報告を寄せている。W.Yさんがヒーリングに鎌倉に行くと、入院中の祖母が１週間前から発熱（12月、１月の２回とも）。１月の２回目の時には多量の痰まで出た。祖母は無音にして病院でずっと自然音楽ＣＤを聞かせている。これが祖母と孫との相関現象を強めているキズナかもしれない。

　W.Yさんの御主人が鎌倉に「リラの響き」の講座に出席したら、広島にい

る本人（妻）と息子さんが共に発熱（発熱はしばしば自然音楽セラピーで起きる体質改善現象）。息子さんは左足首が腫れて痛がり、本人は鼻の内側がただれて膿が出、右手も腫れ多量の膿が出た（これらは排毒の浄化現象）。これは父子相関、夫婦相関のヒーリング現象と考えられる。

### 例2.〈母子相関で改善〉

T.A子さん（東京）は、娘さんが住む名古屋のハーブ銀河鉄道で自然音楽ヒーリングを受けると、その度に頻尿現象が起こっていた。ところが娘さんが名古屋ハーブ銀河鉄道でヒーリングした時、東京にいるA子さんに頻尿現象が起こった。これは娘 → 母の母子相関現象だろう。A子さんによると、娘さんの摂食障害（入院中）は落着いてきており、A子さん本人の左足神経痛は改善され、気持は明るくなり、内面へも目を向ける平静心が出てきたと報告している（平成11年8月）。

### 例3.〈実家の父母の性格と嗜好が大変化〉

神奈川県の女性（匿名希望）は、『MINNAレポート』第23号と第27号で、本人と関西在住の両親との間の顕著な親子相関現象を報告している。本人はしばしば鎌倉でヒーリングを受けている。関西の実家に帰る度に両親の性格や嗜好の急激な変化に驚いている。両親は共に負けず嫌いで、お金第一主義の権力志向があるタイプ。母は特に怒りっぽく、しばしば粗暴な行為もある。その母がメッキリ優しくなり、かつてない「有難う」という言葉を口に出すようになった。また料理の味付に変化を生じ、美味しい料理を作るようになった。父は世のため人のためには無関心な人だったが、それが人に役立つことを喜びとする人に変化していた。また両親とも肉や魚が大好きで1回も欠かさなかったのに、菜食嗜好に変化してしまい、果物嫌いの父が果物を食べ

るようになった。ちなみに両親は自然音楽ＣＤは好まないのでかけていない。この場合は、本人が熱心にヒーリングをしたら、自然音楽嫌いの両親ともに、性格の顕著な変化（好転）と食物の嗜好の変化が発生した例である。これも娘 → 父・母の親子相関が性格（人間性）変化にまで及ぶことを示唆する興味ある例である。

## 例 4．〈娘 → 父、母、舅の食品嗜好変化〉

東京の30代女性（匿名希望）は、『MINNA レポート』第39号で、秋田在住の父、母、舅に変化が生じたことを伝えている。

父は酒好きで大腸癌手術後も頑としてずっと飲酒を止めなかった。その父が今年の２月実家に電話したら、飲酒を止めていただけでなく、以前は苦手だったパソコンを自分から進んで学習し、中学校へ指導にまで出るようになっていた。前向きの生きる気力変化が、断酒と生活姿勢の上にまで現れた。娘 → 父の親子相関現象である。

母は頑固で口うるさい性格だったが、優しくなり、それに料理の味付けに変化が生じた。以前は塩辛かったのに薄味の味付に変わってしまった。これは娘 → 母の親子相関が母の性格変化に影響した例である。

舅は大の甘党で、去年の11月に会った時は和菓子もケーキもパクパク食べていたのに、今年６月に菓子を送ろうと電話したら、大分以前から甘味を食べなくなったという事だった。これは血のつながらない義理の親子の父子相関現象で、父（舅）に嗜好の変化を生じさせた例である。

## 例 5．〈医師の夫に、原因不明の相関現象〉

H.Y（東京、主婦）。主人は医師。自然音楽には無関心。その主人が「私（妻）がヒーリング受けたり、リラ集会に出席すると、その度に腹痛。６月

には発熱、食欲不振、風邪症状、ひどいダルさ。リンゴジュース程度しか摂取できなくなった」。医師だが、原因は全く思い当たらないと言う。主人はアレルギー体質で喘息発作が時々ある。その主人がCD『天使の涙』だけは聞くようになり、1日つけ放しておいても聞くようになった。すると左足太ももに傷ができ、臭い膿が永い間出ていた。原因は不明。(平成11年8月報告)

　ご主人の現象は、妻のヒーリングの夫婦相関現象で、アレルギー体質を改善させる排毒浄化現象が起こっているのではなかろうか。医師である本人が医学的には原因不明と言っているのだから、自然治癒力の発動による浄化作用としか考えられない。夫婦は親しくても肉体的には他人である。別個の個体になぜヒーリングによる波及現象が起こるのだろうか？　自然音楽療法の場合は。


　例6.〈友人の排尿異常が治った？〉

　K.S（東京・女性）さんから報告。永年精神を病んでいる友人が突然排尿不能になった。永年多量の薬を服用しつづけており、外出もままならない精神状態だが、CDは何とか聞いていた。
　上記の事実を知った翌日、K.Sさんはヒーリングを受けた（その日がヒーリング予約日だったので）。ところがその朝からK.Sさんは排尿がストップした。特に苦しいとは思わなかったが。K.Sさんは「彼女（友人）のヒーリングして下さい」と祈りながらヒーリングを受けた。ヒーリングが終わると、K.Sさんは普通に排尿があった。翌日、友人に電話すると、友人は「直った」と答えた。(平成11年11月18日報告)
　完全な他人である友人の身体の病的症状が、他人のヒーリングで改善された、ヒーリング効果の他人間相関現象の例と考えると、きわめて興味深い例である。

一.自然音楽の効果は、親子相関、人間相関

## 〔人の体はつながっている〕

　Aの治療をすると、その効果や影響がBに及ぶということは、AとBとの体には何らかのつながりがあるということである。親子、親族だけでなく、夫婦、義理の親子、友人にも同様な現象が起こるということは、このつながりは必ずしも血液によるものでなく、血縁を越えて、人の体と体には何かのつながりがあるということである。

　肉体は完全に親子といえども別個の個体である。それにも拘らず、別個の肉体間に相互影響（相関現象）が起こるということは、肉体を越えて、なおかつ肉体と肉体をつなぐ何かが人間にあると、そう言わなければならなくなる。

　それは何か？　但し、友人間の相関現象よりも、血縁間の相関現象の方がずっと多い。血縁の場合も、親子、特に母子の場合はひんぱんに相関現象が起こり易い。（例１、Ｗ.Ｙさん母子などは、毎回、同時刻にそれも強度に相関現象が起こっている）。夫婦の場合も、血縁はないのに往々にして起こる。これはいったい何を示すのか？

　即ち、人の肉体はそれぞれ独立した別個の個体であるが、「血縁」が深ければつながりが深い。いや、夫婦のように「結びの縁」もつながりは往々深い。舅や姑の「義理の縁」でもつながっている。いや、友人のような他人でも、「友の縁」でもつながりはある。

　とすると、これらの間には、全くの他者と違った心と心のつながりがある。ということは、何らかの「心縁」（心のつながり）というものが、肉体間の相関現象を引き起こさせるのだろうか。

　しかし、必ずしもそうとは言えない。当研究所のヒーリング場には、仲の良い友人・知人の方々がよく見えるが、そのために相関現象が起こるということは先ずない。つまり遠い親戚（血縁）より近い知人と言うが、ヒーリングでは遠い親戚の方が、どちらかというと相関現象が起こる。

とすると、友人間の「心縁」もあるが、「血縁」が大きく、夫婦の「結びの縁」ものを言い、「義理縁」もあり得るということである。この四つの縁がどうやら、別個の個体である肉体を、見えないところでつないでいる「縁」と言える。

## 〔現代科学に問題の石を投げる自然音楽療法〕

　当然のことながら、現代科学では、肉体はそれぞれ別個の独立した存在である。母子といえども、臍の緒を切断すれば他者である。自然音楽療法はこれに、現代科学の「人間とは肉体である」という考え方に問題の石を投げる。別個と考えられている人の肉体の裏（ないし見えないところ）に、これをつなぐ何かがありそうである、それをかりに「縁」と呼んでおこう。
　また、かりにそのような「縁」があるにしても、西洋医学や、東洋医学の場合も、この縁にまで手が及ぶ治療がなされていない。なぜならAを治療して、別個の個体であるBに効果や影響が及ぶということがないからである。しかし自然音楽療法の場合は、この相関現象は往々起こる。ということは自然音楽療法は、西洋医学や東洋医学よりもっと人間の深いところにまでメスが入れられる、そういう意味あいを持つ療法である、と考えてよいのではないか。
　その深い「縁」にまで及ぶ、自然音楽療法のメス（手）とは、いったい何であるか、なぜなのか。これは自然音楽療法が今後の療法の世界に石を投じている、第二の石である。つまり、第一の石とは「人間の肉体は、その深部に見えないつながりを持つのではないか」。第二の石が「自然音楽療法は、人の見えない深部にまでメスを入れる、未来の人間の根源療法の切り口を持

一．自然音楽の効果は、親子相関、人間相関

っているのではないか」。人がもし深部で個々につながっているのなら、病気の真因はそのへん（人間の深部）にあり、そのへんの根源からの療法がない限り、真の人間の治療はあり得ない。これが自然音楽療法が現代科学と医療に問題を投げかけている石である。


## 〔人の体をつなぐ「縁」とやらは何だろう〕… 経絡はどこにあるのか？

　人の体には「経絡」がある、そしてそこに「気」の流れがある。これが中国医学の考え方である。しかし、解剖学的には人の体に経絡が見出せない。これが現代科学に立脚した西洋医学の立場である。それにも拘らず、経絡と気による治療は行われ、成果をあげている。ということは、現代科学である西洋医学の"物質である肉体のみが人間"とする見方を越えて、何らかの人間存在（経絡をもち、気の流れをもつ、人の体にあたるところ）が、物質肉体を越えて有るのではないか。そう言わないと辻褄が合わなくなる。では、その物質肉体を越えたところの体にあたるところとは何か。

　では、気が流れているところ、経絡があるところ、そこは何か。血管とか神経系とかリンパ系とかも考えられるが、必ずしもそうではない。その道筋と経絡とは一致していないからである。では、見えない体ともいうべきものが、別にまだあるのか。

　印度のヨガでは、中国の「気」にあたるようなものとして「プラナ」の存在をいう。このプラナの流れる道を「ナディ」と呼ぶ。すると中国の経絡にあたるものが、ヨガで言うナディなのだろうか。ということは、印度では、プラナの流れるナディが存在する体（肉体を越える体）が考えられていたという事である。その体を、肉体（粗大身）の他に、微細身、更に上級の原因

身と呼んだりする。そして、それぞれにプラナの流れがあるとする。原因身、微細身、粗大身の順にいわば上級・中級・下級のプラナが流れる。つまりプラナには質の差があり、その質の差は無数の段階に分かれており、それを流通させる体が、人間には肉体の他にあると考えているのである。

　中国でも、神・気・精と気には質の差があるという考え方もある。すると、このいわば三段階の気を流すそれぞれの体があっていいわけだが、これについてはハッキリしない。

　前号(注)で、東田武氏が、実験的に知った経絡と考えられるものを図示して発表してある。これは極めて興味深い、現代版経絡図といえるものではなかろうか。私は中国医学には詳しくないので、この新経絡が中国の伝統的経絡図と一致するのかどうか？　これは極めて興味ある研究ではなかろうか。

　また今号(注)では、鈴木恵子氏が経絡についての、興味深い問題提起を古書の紹介を通じてしている。また、鈴木恵子氏自身（この方は敏感体質らしいので）、体験的に感じている経絡の流れのような経験図を紹介している。

　これらを総合するとき、経絡というものがあるとしても、これがそうだと断定しきるには、なお幾多の問題がありそうだということ。今後研究を展開していかねばならない課題だということである。さいわいに東田氏にしても鈴木氏にしても、新しい経絡の在所をつきとめていく道筋は提供されている。いずれも自然音楽療法をすると、いわば気の流れがさかんに起こって、敏感体質者にはそれがどこを通るかが分かる、そういう新しい事態が、自然音楽療法の出現で始まっているということ。今回はこの点でこの問題を止めておこう。

　(注) 自然音楽療法研究センター機関誌『LYRA通信』。

〔人の体にある別の体について（推理）〕

　さて、見えない体（媒体）の存在は、近代になって神智学やシュタイナーの人智学においてもその存在が認められており、イギリスを本拠とするスピリチュアリズムにおいても、アストラルボディ（幽体）、メンタルボディ（霊体）などとしてその存在が容認されている。ちなみにスピリチュアリズムから出発したスピリチュアル・ヒーリング（心霊治療）は、イギリスでは国家承認の療法で、何千人という心霊治療家が病院で医師と共に治療に従事しており、保険で治療費はまかなわれる。またアメリカの医療の権威であるＮＩＨ（国立衛生研究所）では、近代スピリチュアル・ヒーリングは科学的な研究対象の一つとして取り扱われ研究が行われている。

　以上よりするとき、肉体の他に人間を認めていない現代科学とは別に、肉体の他に肉眼に見えない媒体の存在を認める考え方が古来より存在しただけでなく、近代になっても、いろいろな形で認められつつあることが分かる。それだけでなく、その考え方に立脚した治療法が、ドイツのシュタイナーや、イギリスのスピリチュアル・ヒーリングなどで現実に公認の形で進展していることが言える。

　私達も、今、自然音楽療法をわずか３年であるが体験、ないし実験してみるにつれて、目に見える肉体の裏に、確実に何かのつながりを考えないと解釈できない、個体と個体との相関現象が現実にあることを見るにつれ、肉体の裏に目に見えない体（媒体）の存在を仮定しないと、この問題の解明は前進しないと考えられてきた。


〔媒体があるということは、そこを経絡が走っているということ〕

上記の前提に立って経絡を考えてみよう。解剖学的には経絡はとらえられない。とすれば、<u>経絡は肉体とは別の他の媒体に走っていると想定せねばならない</u>。ヨガで微細身（幽体）や原因身（霊体）にそれぞれ上級のプラナ（気）がキャッチされるということは、そこにプラナ（気）が流れるナディ（経絡）が走っているということである。幽体に流れる経絡と、霊体に流れる経絡とあるとすれば、この両者は必ずしも道筋が一致していないかもしれない。ということは、目に見えない体を走る経絡は、まだまだ未知数（未発見）のものがいろいろあって、古書にあるものだけで断定は出来ない。これからも解明されていかなければならないものが多々あるということである。
　なおまた神智学や人智学でも、スピリチュアリズムでも、幽体（アストラルボディ）と肉体の中間にエーテル体の存在を指摘している。これは現代科学でまだとらえられていない物質（肉体）の稀薄な部分（物質要素に属するもの）だと言っている。とすると、このエーテル体にも（エーテル体にこそ）経絡が走っていることになり、あるいは既に知られている経絡の多くは、このエーテル体を走っているものであり、幽体や、まして霊体を走る経絡は、なおなお未知のものが多くあるのではないかと想像される。
　私はあえて、現代科学ではまだ認められていないエーテル体、アストラルボディ（幽体）、メンタルボディ（霊体）などを持ち出して、これに経絡の問題を押し当てて、ここに書いてきた。これは現実にわれわれが経験しつつある個体間の相関現象を解明する手がかりとして、もしこういう考え方をとるなら、この相関現象が解明される手がかりになるのではないかという立場で述べてみている。そして、今後療法について、人間の根源的なヒーリングの解明の手がかりを得るには、勇気を出して古代の英知も、近代の新知も俎上に乗せて合理的に真実を見るようにしていかないと、未来は開けないと、そう考えて推論をしている。

一．自然音楽の効果は、親子相関、人間相関

## 〔思いきって、根因粒子に目を向けてみませんか〕… 媒体にDNAが？

　さて、最初の人体間の相関現象の問題に返る。もし見えない体、エーテル体、幽体、霊体などがあるとすれば、ここに肉体を越える個体と個体をつなぐ何かの鎖があるのではなかろうか。もちろん見えない媒体も、まさか霧のように人と人とをつないでいるのでなく、人それぞれに別個の媒体として独立したものでありながら、しかも、何かのつながりが、その個体（媒体）内にあるのではなかろうか。

　こう考えたらどうだろう、肉体（物質）が粒子で構成されているように、媒体も粒子で構成されている。但し、精妙な極微粒子で。現代科学ではまだとらえられていないが（物質次元を越えているので）。しかし媒体が粒子で構成されているなら、そしてそれが肉体と同じように生体であるなら、肉体と同じような生命粒子である細胞にあたるものが存在する筈である。とするとき、その細胞には肉体にあるのと同じようなDNAとか遺伝子とか、そのような構成があるのではなかろうか。極論かもしれないが、そう考えると、自然音楽セラピーでしばしば起きる相関現象も見当がついてくるのである。

　即ち、この見えない遺伝子に、肉体の個体と個体をつなぐ、即ち相関現象を起こさせる素因（血縁とか、結びの縁とか、義理の縁とか、心縁などを結び付ける要因）が存在するのではなかろうか。

　もし、親子となるもの、親戚となるもの、夫婦となるもの、友人となる者の間に、肉体は別個であっても見えない媒体に同一の素因があるとすれば、相関現象が起こるだろう。

　これは無謀な推論かもしれない。しかし、見えない媒体に素因（共通の遺伝子）が存在するなら、一人が自然音楽療法を受けて、この療法が、もし媒体の粒子にまで作用し反応を及ぼすと仮定するとき、この共通の遺伝子にまで作用を及ぼしていると考えられる。同じ遺伝子を持つ者には、何らかのエコー現象（波動の共鳴・共振）が起こって相関現象を生起させる。

但し、問題は親子、親族、夫婦、親しい友人が、なぜ見えない媒体に共通の遺伝子を持ち合わせるかということである。

　この解明には、人間の再生（生まれかわり）ということにまで首を突込まなければならなくなる。これはもう現代科学を越えてしまっているから、話にはならないかもしれない。但し、現実に相関現象というヒーリング現象が起こる限り、解明の手がかりをつけないと、根源療法への道は開かれない。

　もし、生まれ変わりがあるとすれば、個体（肉体が滅んでも残る次元を越えた媒体）が存続し、そこに生前の遺伝子は残るから、生前の形質（精神と肉体の特質）はそのままに次生に継承される。

　現代科学では、人の遺伝子は両親から受けることになるが、自己本来の前生からの遺伝子がむしろ主役ではなかろうか。遺伝子治療を初め、遺伝子工学など急速に展開される現状で、私の推論、自己が代々継承しつづける遺伝子がある、この事は重大な意味を将来もつと思う。

　なお、もし見えない媒体があって、再生を繰り返すとすれば、これら見えない媒体群を生んだ源が存在するわけである。いわば媒体達の生みの親である。とすれば、一連の媒体群はこの親から受け取った共通の遺伝子を媒体の中に持つ媒体群が、肉体をとって親となり、親族となり、夫婦となり、親しい友人となれば、彼らには媒体に共通の親から継承した遺伝子が存在する。

　もし自然音楽療法が、この媒体にまでヒーリングの波動を伝えているとすれば、彼らの内在遺伝子は当然共鳴・共振を呼び起こすであろう。自然音楽をわれわれは大自然界（ある意味で私達の大きな親）の子守歌のようなものとして考えれば、私達の中の共通の遺伝子は揺すぶられ共振を起こし、その影響は肉体の上にも、精神の上にも、変化を及ぼすことになろう。それが自然音楽療法の起こす癒しの効果や影響などの相関現象というものではなかろうか。

　推論に次ぐ推論で、現実をはなれたようにも思われようが、そうではなく、私達が日常に自然音楽療法にたずさわっていると、どうしても目につく個体

一．自然音楽の効果は、親子相関、人間相関

間の相関現象（そしてこれがヒーリング効果をあげつつあるとすれば）、どうしても何らかの解明の手を進めなければならない。現代科学では手のつけられない事で、しかし現実に起こる相関現象だから、何らかの解明への糸口を見つけねばならない。無謀と知りつつ、ほんの試案として推論を走らせてみた。

## 〔むすび〕

　私達は、今や、肉体状況の改善だけでなく、人間の心をも含め、しかも根源的に人間全体を改善できる療法の解明に向かって、勇気をふるって前進しなければならない。
　勇気は無謀に見えることもあろうが、経絡、気、をより本源的に進めてみると、媒体の容認につながり、現代科学と突き合わせてみると、粒子、細胞、遺伝子の問題と重なり、もう一歩を進めて人の再生まで考慮すると、自然音楽療法における相関現象の事実にまで解明できそうな手がかりが得られる。
　推論の推論として、仮説の仮説として、私の推論の一端をあえて記してみた。

# 第二編

〈B.B メモ〉
## 自然音楽療法が見えてきた
―人に 3 つの体、3 層のエネルギー―

# 序

　B.Bさん（女性・37歳）は某大学病院勤務の事務職員です。仕事の関係で療法などには関心があり、自然音楽セラピーの実践が始まった（平成8年11月）の半年後の、平成9年春からは月に4回程度はセラピーを体験するようになりました。ところが急に7月頃から敏感体質（人に見えないものを感じたり、時に見えたりする、世間的には霊感体質）が芽生えてきました。といっても、もともとB.Bさんは良識的で割りと物事を合理的に考えていくタイプだったので、別に敏感体質化に振り回されず気にせず、外見には全く今までと変わりはありませんでした。しかし、B.Bさんは自然音楽セラピーで生起する現象に関心を持ち、敏感性で感じ取れるままを時折メモに記しておきました。

　私（山波）はそれを見て、これはB.Bさんの心身が浄化され、人間として進化していく過程に見えました。また、これこそ自然音楽セラピーの効果や特色をよく示しているものだと感じました。そこで、ここに「B.B メモ」をたどりながら、B.Bさんの浄化・進化の軌跡、それと自然音楽療法の特色を取り出したいと思います。

　「B.B メモ」は、平成9年11月3日から平成12年2月11日まで、この2年3か月間に10回記されていました。この間、B.Bさんは4段階の進化を示しているように私には見て取れました。その段階に応じて述べます。極めて顕著なことは、人間の体には肉体と別に目に見えない体（媒体）がありそうだということ、中医で言う経絡やツボはこの媒体を通っているらしいこと、それに16種類ものエネルギーが自然音楽セラピーでは働いているらしいこと。以上です。

## 第1ステージ　胸チャクラの開花まで

① ［平成9年11月3日　ヒーリング］

〈現　象〉

　右半身（特に足先、手先）から、Ⓐ 白い霧状エネルギーが入った（薬草で作ったような薬効高い感じのエネルギー）が入った。（注；いつもⒶエネルギーは左半身から入るのに、この日に限って、右半身から流入した）。すると、Ⓐは左脳に入り、左脳の補強と治療をしたみたいで、ペパーミントの匂いが鼻から左頭へかけてプーンとして、とても頭がスッキリした。

考　察

　なぜ、Ⓐ エネルギーは右半身から入ったか。生理学的に、右半身→左脳、左半身→右脳の関係がある。今日は特に左脳（数理計算・言語脳）の活性化がヒーリングの目的だったらしい。だからペパーミントの匂いが左頭でプーンとした（癒された）。

〈現　象〉

　次に、Ⓑ 薬流のようなエネルギーが、頭部から左足先へ左半身に流された（右半身は何事もなし）。すると全身に異常な寒気を感じた。

考察

寒気は体内の毒素排出作用の時に感じます。Ⓑ 薬流エネルギーとはこの作用を起こさせるものらしい。左半身だけに流されたというのは、鍼灸でいう経絡は左右に同じツボがある。左を刺戟すれば全身に効果が及ぶ。要するに体内の老廃物排除、身体浄化が行われた。

〈現 象〉

すると、左脳に鍼治療で使うような、Ⓒ 金色の長針（はり）が何本も刺し込まれた。これは背骨の左側に沿って骨髄にまで次々何本も刺し込まれた。ヒーリングが終わって、呆としてダルイ感じがしたが、気分は「気力」充実、それは前向きの実践的なヤル気力で、不得手な事が得意になったという強い感覚だった。

考察

体内の毒素排出で体細胞の活性化。細胞に癒しのエネルギーが入ると、細胞は一時休息でエネルギー吸収時間を持つ。これは「呆としてダルイ」活性化の状況です。そして左頭へ Ⓐ エネルギー注入に加えて、Ⓒ 長針が刺された。これは左脳の活性化を促進し、実践前向きの気力と、左脳能力（不得手を得手に感じさせる）能力アップを起こさせた筈です。

② ［平成9年11月9日 ヒーリング］

〈現 象〉

左半身から、Ⓓ 白光エネルギーが注がれた。これで疲労感が消え、左半身

がとても癒された気持になった。すると Ⓓ エネルギーは右脳に入り、何と右脳がキレイなピンク色になった感じになった。すると先週刺されたままになっていた左脳と背骨の長針から、Ⓒ 白い薬液（半液状）が流出を続けた。

　すると、心臓に一瞬激痛が走った。その瞬間、Ⓔ 金の矢が心臓に突き刺さり（貫通した）。……その時、確かにメッセージを聞き取った感じがした、「愛の力によってすべてを守る」と。それは愛こそは万能の力なりという感じだった。

　**考　察**
　このヒーリングで、B.Bさんは「気付き」を獲得しました。愛こそは万能、つまり愛のライフスタイルを生き抜こうという悟りです。それは、何と、黄金の矢が心臓を射抜くというセラピー現象で。その瞬間にメッセージ（言葉）を受け取ったように感じたので、実体のある気付き、そして黄金の矢 Ⓔ はエネルギーの一種と言わざるを得ません。

　ここに至るまでに、今日のセラピーでは Ⓓ 白光エネルギーが右脳に入ってピンク色になった。つまり右脳（自覚、音楽脳）がピンク色つまり愛の感情の色に染まり、それに Ⓒ 長針エネルギーが純化強化を継続しつつ、そこへ Ⓔ 黄金のメッセージ矢が貫通したのです。愛のライフスタイルへの転身、胸チャクラの開花の瞬間です。人間のこういう人生の転機がセラピーで来たわけです。

　ちなみに一言、B.Bさんはこの日のメモに付け足して記しています。前回セラピーで左脳（数理計算脳、言語脳）のヒーリングを受けたが、それから以後実務で今まで苦手だった計算能力が現実にアップしましたと。自然音楽セラピーは、B.Bさんに左脳の能力をアップさせ、更に今日は右脳（直覚脳）の能力をアップさせ、最後に黄金のメッセージ（愛の矢のメッセージ）を受け取らせて、愛に生きる人に変貌させました。

## 第2ステージ 体に柱が通るまで

③ [平成10年10月19日 ヒーリング]

〈現象〉

① 白光エネルギーが左足先から入り、左半身に充満。すると左半身全体に痛みがあり、特に背骨わきから、喉、鼻のわき、頭頂が痛んだ。

考察

① エネルギーは活力と浄化、それと脳に入れば愛を覚えさせるエネルギーです（前項参照）。それが体に満ち、喉や頭頂に痛みを起こさせた。痛みはセラピーでは「気」の流れが盛んに起こるときに感じます。ということは、喉と頭頂は共に、大事なチャクラ〈甲状腺に対応するチャクラ〉と〈松果腺に対応するチャクラ〉で上位のチャクラです。なぜこれが痛んだか？　前回で胸チャクラが開花（開通）した。だからそこから上位の喉と頭頂のチャクラ開花のために刺戟する「気」の流れが起こったのです。背骨わきの痛みは、……背すじを各チャクラを貫ぬく主要気幹線ルート（鍼灸でいえば督脈）が通っています、……ここを気が激しく通れば背筋は痛みます。そうして足先からの気の流れは上方の喉チャクラへ、更には上方の鼻わきの小チャクラを通り、ついに最高の頭頂チャクラへと流れつづけたのです。

〈現象〉

それから、全身が温かくなり、寒くなったりした。

**考 察**

温かくなるのは、体の活性化のためのエネルギー活動、寒気は毒素排出現象。つまり心身の排毒浄化と活性化が促進されました。この成果は次へ受けつがれます。


④ [平成10年10月26日 ヒーリング]

〈現 象〉

Ⓖ 赤い光エネルギーが、左頭部から左半身へ流入しつづけました。左半身が赤くなっていき、まるで泡を生じて沸騰するみたいに凄い浄化が進行した感じでした。

次に、太陽神経叢（みずおち）あたりで、Ⓖ エネルギーは右半身へ移行。右半身が赤くなると、やはり凄い浄化があって、力が体に満ちました。

**考 察**

赤い光 Ⓖ エネルギーは凄まじい浄化力を持つエネルギーのようです。頭部から入るのは、手足先から入る肉体浄化エネルギーと違って、心までも毒素排出させる一段高位の（精神レベルまで浄化する高位エネルギー）、換言すると、肉体より奥にある見えない媒体（たとえばエーテル体など）を浄化させるエネルギーと考えられます。（注；ちなみに心の在所は脳より奥の、媒体にあると考えるときにです）。このような高位エネルギーが頭部から入ったのは、前回セラピーで、頭頂チャクラなどが刺戟開発され、高位エネルギーが頭部から入り易くなったためと考えられます。

みずおち（太陽神経叢）から、Ⓖエネルギーが左から右半身へ移ったのは、みずおちには中医で言う「気」をプールし、ここから全身へ放出する「中膻」

というツボがあります。このルートを Ⓖ エネルギーが通ったせいでしょう。

⑤ [平成10年11月9日 ヒーリング]

〈現　象〉

　初め、Ⓗ 赤オレンジ光が胸チャクラから入り突き抜けた。次は、頭部に「放射ヘルメット」のようなものを被らされ、ヘルメットから白銀光 Ⓘ が全身へ流入した。最後は、頭頂に Ⓙ チューブ状のものが押し込まれ、すると全身が金色となり、自分は一本の金色の樹になった感覚になった。

　やがて全身がダルクなり、何ともいえぬ「ゆったりとした安心感」が全心身を満たした。

　考　察

　何とも、異様というか異常というか、本当かなと疑わせる記述ですが、B.Bさんは（とても正直な人です、ゴメンなさい、馬鹿正直と言いたい程）、その人が真直面にこう書いているのです、そうだったのでしょう。

　さて、Ⓗ 赤オレンジ光は、光ですから高位エネルギーの種類です。赤オレンジ色というのは暁天（ぎょうてん）の太陽と同じで高位強力性を意味します。それが胸チャクラ（愛の心の象徴チャクラ）を貫通した。愛の心のショック強化ですか？　そして頭に「放射ヘルメット」というのは奇妙ですが、自然音楽セラピーでは、時折このヘルメットを被ったという経験をする人がいます。多分ここに書いてある Ⓘ 白銀光を全身に放射流入させる、つまり白銀の神性感エネルギーを体に入れる作用かもしれません。そして最後に、これもまた何と「チューブ」とは！　そういう感じで Ⓙ 金色の光に身体を変えるエネルギー作用でしょう。すると、何と何と体が一本の金色の樹になってしまった、そういう感覚を持ってしまったというのです。人が木になる、それも金色の

樹に。

　私は、常々、人は木だ（植物みたいなものだ）、それもただの木ではない、生命を賦与する万物の霊長としての樹木だ、ということを説いています。（注；ここでは説明を略します。自然音楽研究所で「リラ講義」という講座でそのお話を致します）。その、まさにその通りの姿にB.Bさんはこの時になったのだな（そう感覚したのだ）と、私はこのメモを読んで納得しました。さまざまの高位エネルギー注入を受けて、「人が木になった」。そのために、ここまでにB.Bさんは次々とセラピーで心身の浄化の段階をクリアーしてきたのです。

　その成果が、何ともいえない「ゆったりとした安心感」でした。このいわば安心立命感は人生では得難いものです。セラピーはここまで進みました。

⑥ ［平成11年2月1日 ヒーリング］

　〈現　象〉

　先ず、口から Ⓚ 白色（バリュウム状）栄養エネルギー（金粉・銀粉入り）が流入した。すると麻酔にかかったようで左半身がシビレ感で満ちた。

　考　察

　金粉・銀粉というのは天の気・地の気と言えます。前回で「人が木」になったので、樹木と同じように今や天の気（金粉）、地の気（銀粉）を受け取ったのです。天地の気とはいわばプラス（＋）とマイナス（－）、これが合すると電気を起こす（仕事をする力）を人体が身に付けたわけです。でも「口からのバリュウム状」のエネルギーだったのは、まだ頭部から入る高位の天地の気（光エネルギー）ではなく、つまり光をそのまま吸入できる樹木状態ではなく、従ってもっと心身浄化をしないといけない程度の樹木状態だったわけです。でも「光の木」（天地の気を吸うに価いする木）にまではな

っていたわけです。サア、もう一踏ん張り＜最後の浄化＞を！

〈現　象〉

やがて、Ⓐ白い霧状エネルギーが左手足先から流入、眉間あたりで右半身へ移り、右手（特に親指と人差指）から放出されて行く。

考　察

Ⓐエネルギーは身体細胞活性化用のエネルギーです。今度はみずおちでなく眉間で左から右半身に移ったのは、眉間（この奥に脳下垂体チャクラあり、この下に左右の鼻口気道あり）で左右の体（気道）がつながっています。但しこの上方の交換路を使ったのは、上体なかんずく頭部の浄化に資するためだったと考えられます。だからⒶエネルギーは左手足先から入っても、右の手先からだけ放出されて、足先の放出口は使わなかったのです。さて上体、特に頭部浄化に努めて、何をするためでしょう。

〈現　象〉

やがて凄い寒気が起こった。これは肉体内部に、別のもっと精妙な体がある感じで、この精妙体がまるで心臓が伸縮する具合に、ギューッと縮むとサーッと全身に寒気が広がり、同時に左半身から右半身に入るⒶエネルギーが、右手先から出ていく。この運動の繰り返しで（精妙体の伸縮運動、Ⓐエネルギーの流入と放出運動の、連動繰り返しで）、寒気が何度も何度も繰り返した。

考　察

凄い浄化排毒運動ですね。但し「精妙体」とB.Bさんは呼んでいます。そう呼ばざるを得なかったほど、肉体とは別の体を自身の内部に感覚していた

のですね。だって、風船をギュッ、ギュッと、伸縮させるみたいに肉体がなるものですか。だから別に体があると、伸縮できる内的な体があると感じたのです。つまり肉体ではなく、媒体からの排毒浄化がされたという事です。この運動は Ⓐ エネルギーの出入とも連動しつつ、Ⓐ エネルギーがその中にくるんで出す肉体毒素排出も一緒に兼ねて行われたという事です。


〈現　象〉

また、上記の連動活動と重なって、右脳に Ⓛ 温かいエネルギーが差し込まれ、悪いもの（毒素）が右手や右足先から出た。

考　察

右脳の浄化・活性化が特に（全身の浄化連動運動）と重なりつつ、力を入れて行われたわけです、右脳（直観脳）の浄化が。


〈現　象〉

次に、頭頂から、Ⓜ 波形の柔かい刺戟光が流入し、寒気がすると、その波形刺戟光は右手、右足先から出て行った。
しばらくこの状態が続き、「縮む感覚」と「流れる感覚」と、それが両方重なる状態がしばらく続きました。

考　察

Ⓜ 波形の柔かい刺戟光は頭頂から入って来ます。これは「寒気」を波形に起こして、特に頭部浄化をさせる光の浄化エネルギーです。これが媒体の全身を浄化する伸縮運動と重なって、ずっと浄化を続けたのです。この大浄化、特に頭部浄化、それも見えない媒体からの根こそぎ浄化、その末に何が起こったのでしょう。

〈現　象〉

　やがて、頭頂から、Ⓝ金色の光が流入。するとこのⓃ光が眉間にはいるのを妨害するかのように、左脳に（数学公式記号、機械、コンピューター様式など青黒い幻影）が出現。………しばらくして幻影が消滅すると……Ⓝ金色の光が尾てい骨に届いた。

　考　察

　ついに金色の光（天の神気というべき光）が、頭頂から尾てい骨にまで貫流（貫通）した。めでたく、人体に「柱」が立った、というところです。ただ、その前に妨害（障害）と言える一瞬がありました。左脳から〈青黒いコンピュータ等の幻影〉です。これは左脳（数理脳）が右脳（直覚脳）に優位に立とうとした瞬間ですが、見事に克服（幻影は消えた）という事です。事実は、全身、それから脳、特に右脳の浄化が徹底され、左脳の澱(おり)の部分がキレイに浄化（浮上）させられ、体外に排除されたという事です。そこで、見事に光の柱が立ちました。頭頂から尾てい骨まで。これこそ人体の気道の大幹線、家でいえば床柱です。それが見事に元の気を貫流させる人体の柱として、B.Bさんの体に屹立(きつりつ)しました。この柱は天地の気を常時交流（貫流）させる、人のいわば天地の気を流しつづける「光の樹」です。セラピーが人をここまで導きました進化させました。変えました。これが自然音楽セラピーです。


⑦ ［平成11年2月8日　ヒーリング］

〈現　象〉

　ヒーリングが始まると、先ず頭頂からⒶ白い霧状エネルギーが流入、続いて左手・左足先からも流入し、全身に行き渡った。すると、頭頂から電気の

ようなものが走って、同時に精妙体がギュッと縮まり全身を寒気が走った。すると毒素が体外にキレイに排出された。

　**考　察**

　人体に柱が立った効果は何だったのでしょう？　それは、頭部から Ⓐ エネルギーが入ったことです。今までは（誰でも人は）左手・左足先からしか普通は入らないのに、頭部から入ったのです。B.Bさんの頭頂チャクラがグッと開いて（柱が立ったので）、気の流通路として口を開いたのです。そして Ⓐ 白い霧状エネルギーはセラピーの基本エネルギーです。全身の細胞に滲透(しんとう)する浄化と活力の基本エネルギーです。これが今回は頭部から入った。手足先から入るのと違って、柱の大幹線を通って全心身の隅々まで行き渡ったのです。（この柱に沿って人体の七つのチャクラが存在します。チャクラは肉体の内分泌腺と対応し、これをコントロールする大事な器管です。それだけでなくチャクラは人間意識と直接関連しています。）だから Ⓐ エネルギーが頭部の柱の口から入り、柱を通じて全チャクラに行ったことは、B.Bさんの全心身にそれが行き渡ったことです。

　それから何が起こったか？　「頭部から電気のようなものが走った」。頭部からしか入れない「電気のようなエネルギー波動」、これがB.Bさんの総身（肉体と、目に見えない媒体）の決定的浄化を致します。

　B.Bさんはこの作業を、次のように微細に伝えています。

　「この作用をもっと内面から述べると、先ず ① 頭頂から微振動が全身に走りました。すると、② この振動が全身のすべての細胞に及び、この振動につれて毒素が根こそぎ排出されていきました。それはもう、次のように徹底したものでした。」

　「Ⓐ エネルギーが細胞に入る、電気的震動が通る、すると毒素が出る……出る毒素とは、体液中の毒素、気の中の毒素、そのような感じの二様の（二層の）毒素でした。」

つまり、体液（肉体細胞）の毒素の他に、一緒に気の中の（媒体の中の）毒素も一緒に放出されたのです。ですからこの作業は、肉体の浄化と、媒体の浄化と、この二様の（二層の）浄化を徹底して行ったということです。一般の療法では肉体の老廃物を放出さすことは、それ自体が難しいことです。余程徹底管理された断食療法をすれば別ですが。自然音楽セラピーではそれが寝て音楽を聞くヒーリングで行われています。しかし、目に見えない奥にある媒体の毒を出すことは直ぐには出来ません。このように人体に柱が通って、頭部 ←→ 尾てい骨の気の幹線ルートが開かれなければ。何といっても、媒体、その第一層のエーテル体には、漢方で言う「気・血・心」の中間の「血」の毒素が溜ります。この「血」は血液を指すのでなく、血液や内分泌、また神経系の源になる、いわばエーテル質の血を言います。だからエーテル体に毒（老廃物の澱）が溜ると、血液、内分泌、神経系の障害をひき起こす筈です。更に「気・血・心」の心とは、文字どおり心（精神）です。この毒素は媒体第二層・精妙体のA層（シュタイナー医学ではアストラル体と呼ぶ）に溜ります。これが心の汚れです。これを除去しないと心の安定・浄化はあり得ません。少々の修行、難行苦行でも中々とれません。ここに人類の長い歴史を通しての悩みが存在します。しかし自然音楽セラピーではそれが排出され得ます。B.Bさんはそれを「気の毒素」が出たと表現しています。

　ここに他の療法にない、自然音楽セラピーの特色がございます。体液の毒素（肉体細胞の毒素）の他、気の毒素（エーテル体やアストラル体の毒素）まで排出されるのです。これなら、血液・内分泌異常・神経系異常の源の毒を排除するだけでなく、精神の毒素──人間の精神の進化が可能になるのです。B.Bさんは遂にここまで到達しました。

　それから、どうなるのでしょう。心が（心の目が）浄化されたB.Bさんは、この目を使ってセラピーを通じて、今まで見えなかった大事なものを見始めます。

## 第3ステージ　経絡の確認、媒体の確認

⑧ [平成11年10月18日　ヒーリング]

　B.Bさんはヒーリング中、眠りません。そこが他の人と違うようです。覚醒してヒーリングを体験している、いわば治療中の様子を見ている・感じとっている、そういう状態です。だからヒーリングの内面が手に取るように判ります。今日のヒーリングは特に経絡（気の流れのルート）が手に取るように判りました。それを次のように伝えています。

### 気の種類、その入り口

　気のようなものは種類が幾つもあります。それらは必ず左半身、手、足の先から入ります。左手が特にハッキリ感じます。今日は基本のエネルギーについて述べます。

　セラピーに入ると、指先の爪の間と指の指紋の渦のところから、光と霧状のものが方向性をもって入ります [図1]。（特に人差指と薬指から多く入ります、そこはパイプが太いようです）。爪の間からは、⊗ 光る電気的エネルギー（細く

[図1]

　← 電気的なするどい光

※5本指とも入って来るが、特に人さし指、薬指からはたくさん入って来る。

　白い霧状の薬のようなもの

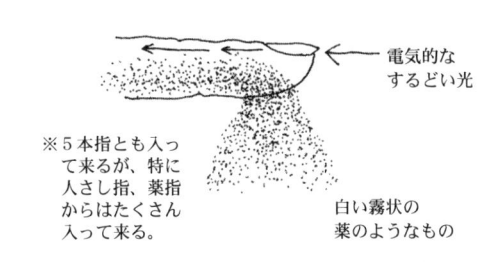

鋭い流れで、治療光線といった感じ)。指紋の渦巻のあたりから Ⓐ 白い霧状のエネルギー（薬草でつくったような薬エネルギーといった感じ)。

[図2]

### 気の入り方

Ⓧ 電気的な光は、霧状の Ⓐ より先に神経などと見えるような部位を先に進みます。Ⓐ は光が細胞を柔らげるように進んだ後を追うように進みます。その作用とか溜まったりする性質はそれぞれ違うみたいです。右半身・手足は透明な手袋でもしているみたいで［図2］、こちらからエネルギーは入らないように、むしろ左から入った光が出ないようカバーしてるようです。

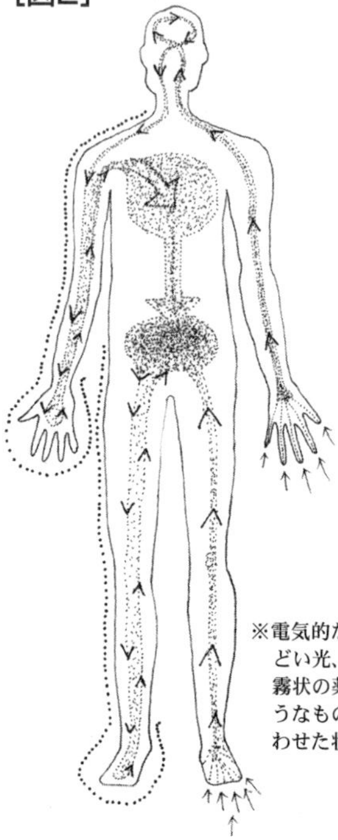

※電気的なするどい光、白い霧状の薬のようなもの、合わせた状態

### 気のルート（経絡）

爪の間から入った Ⓧ 光エネルギーは、骨の表面や中を通過して（注；Ⓐ 白い霧状エネルギーはその後を細胞の中を追うようにして進み)、→ 肩 → 首の後ろ→後頭部へ来ると、鼻の後ろ眼の下あたりで → 右脳方向に進み、暫く広がるように止どまり、一杯になると眉間で左へ → 左脳へ行って止どまり、また鼻の後ろで右へ交差し → 首の後ろを右肩右手へ進みます。

その後、右手から右胸・左胸・胸全体に Ⓐ と共に暫く留まります。横隔膜あたりで沢山たまったようになります。すると今度は太陽神経叢（みずおち）へ太いパイプみたいに進み → 丹田にたくさん溜っていきます。

足からの流れも、左足から → 丹田へ来て → 右足に進み → また丹田に溜

るという感じです。「気海丹田」と言いますが、本当に気はここへ流れて来て溜まり、ここはエネルギーの貯水池という感じです。

　考　察

　西洋医学では経絡を認めません。解剖学的にそれが肉体にあると認められないからです。しかし中国医学では2000年以上も前からこれを認め、治療をして効果をあげてきました。ということは人体に気のルートは存在するということです。B.Bさんが見たルートは中医と較べて正しいかどうか私には詳細は判りません。ただこれが自然音楽セラピーで実際に気が流れているルートであるようです。但し、これは人体のいわば環状線ルートです。もう一つ頭頂から → 尾てい骨を貫いている中央幹線があります。ただこれは普通人の場合は閉鎖されています。頭頂チャクラが閉じているからです。B.Bさんはこれが開かれました。前回のセラピーで、人体に柱が立ちました。この中央幹線（柱）が開かれると開かれないでは、どんな違いがあるのでしょうか。人体に、人生に、また人々へ与える影響で。


**セラピー現象と気の関係**

「だるい」……　ヒーリングが終わると、たいてい体がだるいと感じます。あれは Ⓐ 白い霧が各細胞に薬のように溜っている感じです。だるいながらも、スッキリする感じは、Ⓧ 電気的な光が、患部や、強化すべき箇所を、通過したり刺戟したりして残る感じです。

「寒　気」……　ヒーリング中の寒気は、肉体の奥に透明な体（媒体）が重なっていて、それがギュッと縮まると「ゾクッ」と寒気がして、媒体が再度元に戻り汚れが取れていく、そういう時の感じです。

「熱　い」……　熱く感じるのは、太陽のようなエネルギーが入って来て、肉

体は発汗してスッキリする、そんな感じです。

⑨ [平成12年1月17日 ヒーリング]
　このセラピーに入る前の4日間、それは酷い免徐(ひど)(セラピー前の準備反応)が続きました。吐き気、寒気。食欲なし、それなのに嘔吐。仕事も早退、そして欠勤。病気ではないのです。そしてセラピーに入ったら、「いつもと違っていて、非常に驚きました」というヒーリングでした。

〈現象〉
　エネルギーはいつもと同じく、左の手先・足先から入った。でも、Ⓐ 電気的光エネルギーは、強烈きわまる Ⓧ² でした。
　それで手足が痺れて痙攣した。ずっとそれが続き、全身が麻酔なし手術をされている感じで、Ⓧ² エネルギーが強烈な勢いで巡った。ところが巡ったのは体の中ではなくて、体表面から1.5cm幅くらいの部位。即ち「体と同じような形をしているが、透明で、しかも肉体と密接につながっている部分」。いったい、そこは何だ？　（注；ここは肉体と、超物質的な精妙体を接合させるための、半物質的ないわゆるエーテル体と筆者は考える）。B.Bさんは更に「肉体の体表面近くにあり、幅およそ1.5cm位の部分は、なにか特別な作用・役割をする部分のような感じで、感触？　も何か違うような感じ」と説明を補足している。
　さて、Ⓧ² が巡った後、「あたかもアルミニュウムのような金属の精密なものが残されたようになり、浄化されただけでなく、補強もされたような状態」だった。あとはスッキリ。だが、「アルミニュウムの金属の精密なもの」はその後も存在感があり、すると食品の嗜好が変化してしまった。大好きなコーヒーが飲めなくなり、チョコレートも欲しがらなくなり、それに味覚が薄味になってしまった。

**考　察**

　食品の嗜好変化もありますが、もっと重要なのはエーテル体（媒体）の存在の確認です。体表から幅１.５㎝くらいに何かがあるとB.Bさんは感じました。強烈きわまる Ⓧ² 電気光がそこを駆け回りましたから。確かにそこに何かがあったのです。その証拠に嗜好がハッキリ変化しました。「アルミニュウムのような金属の精妙なもの」がエーテル体に残されたからです。エーテル体は「気・血・水」の「血」にあたる部位。即ち「水」にあたる肉体と「気」にあたる超物質的な精妙体の仲介部分です。ここは既述しましたが、毒素が溜ると血液と内分泌液と神経系に障害を与えます。排毒されると、これらの改善浄化が起こります。アルミニュウム的でそれの高位精密なもの（金属元素のエキスのようなもの）は、このエーテル体に入るでしょう。これは当然嗜好変化など肉体部位に変化を生じます。やはりエーテル体です。B.Bさんがヒーリングで鋭敏化した直覚力が、この中間媒体のエーテル体を体感で確認したのです。つまり「見えない媒体」は在るのではありませんか？


## 第４ステージ　リラの響きの光が見える


⑩［平成１２年２月１１日ヒーリング］

　〈現　象〉

この日のセラピーは格別の現象はありませんでした。むしろ、これまでB.Bさんが重ねてきた経験と、成果と、進化を調整して、確実に身に定着させる、そのようなものでした。

　左手指先から、電気的光エネルギー（Ⓧ か Ⓧ²）が、1.5cm幅のエーテル体を通りました。それを追うように、Ⓐ　白霧状エネルギーが肉体細胞を、体液あるところを通りました。

　しかし、このセラピーの後、B.Bさんは「リラの響き」の光がハッキリ見えるようになっていました。そして、リラの響き（リラ・ヴォイス）発声者が、普通の人と違い、格別に美しい光の構造体（たとえば人体を通る柱〜中央幹線・気のルート）を持っていることを知り、とても驚きました。次に、B.Bさんが見た「リラの響き」のもつ光の構造についてご紹介します。

## 「リラの響き」とは何か

### ［リラ・ヴォイスについて］

　自然音楽ＣＤには、所々に「アー」という集団で発声する声が入っていたりします。この「アー」という発声音がリラ・ヴォイスです。リラは特殊の発声法で発声された声で、それじしん高い癒しの力をもっています。それにこの声で自然音楽を歌うと、早くうまく歌えるし、また歌声そのものの癒しの効果が高まるので、自然音楽の基本的な発声音と位置づけています。

　誰でも少し練習すれば発声できるので、自然音楽研究所では、希望者に「リラ・ヴォイス講座」をおいて教えています。ただ、人の声には心が乗るので、明るく優しい心を日常もっていないと発声できません。それで、その心を育てるために、発声技術と共にある回数の自然音楽セラピーを受講する

義務をつけています。
　さて、リラ・ヴォイスの光の構造とはどんなものなのでしょうか。

### [リラ・ヴォイスは放射光]

　リラ・ヴォイスは口から出る「アー」という声ですが、B.Bさんが見ると、発声者の眉間から、キレイな放射光が出ているのが見えます。この放射光が癒しの力をもっているようです。この光はリラ・ヴォイスのレベルによって、構造が違っています。リラ・ヴォイスには現在（平成12年2月）4段階のレベルがあります。A．リラの響き、B．銀線リラ、C．生命の樹・瞑想リラ、D．プレシオス・リラ。

### [リラ・ヴォイス発声者には光の柱が通っている]

　発声者には、頭頂から足下まで光の「柱」が通っているのが見えます。A、B、C、Dの順にレベルの高くなるにつれて柱の太さも大きくなっています。なぜ、この柱ができるのでしょう。どうやら呼吸法で、頭頂から天の気を吸い足下から地の気を吸う、そのためのようです。Aの「リラの響き」の柱には、足裏から地磁気の乳白色に黄緑色が入った気が流れ、頭頂からは透明な天の気が入ります。Bの「銀線リラ」には、地の神気の銀粒が入るので、柱の色も太さも違ってきます。Cの「瞑想リラ」では、これに加えて天の神気の金線が入るので、一層美しく柱も大きくなります。Dのプレシオス・リラはCと同じ柱ですが、ただ太さが更に大きくなっています。

### [眉間にある放射光フィルター]

　柱を通っている気の光が、なぜ眉間から出るかというと、頭頂から入る天の気には強い方向性があって、頭頂から入った光は直覚に曲り眉間から出て

行きます。ご承知かと思いますが、眉間には第3の目と呼ばれたりする人体の脳下垂体に対応する大事なチャクラがあります。ただ頭頂に最高位のチャクラがあり、ここから光が入ると、次位の眉間チャクラへ光が抜けるコースが作られるためのようです。

さて、柱の光はすべて眉間から放射光となって出ます。眉間から出る放射光は筒のようになっていて、その中は（瞑想リラの場合は）、三層の光の層になって見えます。中心が金の線、その外側に銀の層、その外側にリラの層という具合いにです。

なぜこうなるかというと、眉間に選り分けのフィルターがあるからです。このフィルターは放射光を次元に応じて選別操作をしています。たとえば水槽に水を入れると、重い澱は下に沈み、水の表面に軽い油が浮いて、三層になる具合いにです。次元の軽いもの（精妙なもの）と重い（鈍重なもの）と三層に選別をして放射させています。

### 考　察

#### ［人体に三層の体がある］

B.Bさんが、「リラの響き」は三層の光構成であることを見てくれたので、人体の構成も見えてきました。これまで目に見えない媒体（エーテル体・精妙体）などと言ってきましたが、肉体の中に媒体が共存することは不可能ではないようです。澱・水・油のように、次元の重いもの肉体・エーテル体・精妙体というように、三層が重なって共存できるわけです。「リラの響き」の三層の光のように。それを「表」で示してみましょう。

## [表1] リラ・ヴォイスと人体の対応

| フィルター | リラ・ヴォイス | 人　体 | 水槽 |
|---|---|---|---|
| ——— | （肉声） | 肉　体 | 澱 |
| A 層 | リラの響き | エーテル体 | 水 |
| B 層 | 銀線リラ | 精妙体（A） | 油 |
| C 層 | 瞑想リラ | 精妙体（B） | 〃 |
| D 層 | プレシオス・リラ | 精妙体（?） | 〃 |

[エネルギーも三層を通る多種がある]

　B.Bさんのセラピー現象を見て、自然音楽セラピーでは、実に多種の色々のエネルギーが働くことを感じていましたが、三層の体に作用するものがあるとすれば納得がいきます。これも「表」にして残しておきます（表2）。

[リラ・ヴォイスの効果にも三段（四段）階ありそう]

　三層の体を通る三層の各種エネルギーが働く自然音楽セラピーは、これまでになかった画期的療法と言えませんか。肉体だけを対象とした西洋医学、経絡や気を取り扱うが、ハッキリ媒体（三層の体）までは認めていない中国医学。もし三層の体があり、病気や精神の深部がそこにあるとすれば、そこに働くエネルギーがあり、そこまで癒しの手が及ぶ自然音楽セラピーは、全く新しいある意味で人体にとり根源的な療法と言えませんか。本章ではここまでの指摘で止めておきます。

　但し、リラ・ヴォイスは三層の体を通る各種のリラ・ヴォイスがあるとすれば、その働きと効果について、最後に記しておきます。

A．リラの響き

　天の気・地の気を吸入し、放射するのですから、天の気（いわば太陽の光エネルギー）と、地の気（大地の水や養分のエキス）を一緒にして放射できるので、たとえば樹木が天地の気を吸って光合成作用を営み、生命に不可欠の酸素を出すように、私達の「リラの響き」は光の酸素だと考えています。人体が肉体だけでなく、深層の媒体（気・血・水の「血」に作用するエーテル体、「気〜心」に作用する精妙体）の浄化に役立つものとして。

B．銀線リラ

　銀の地磁気が入るので、地球環境（大地・水・空気）の浄化にかかわるものと考えます。

C．瞑想リラ

　天の気の金線入りですから、太陽の光のように人体にも、万物にも、精神にも明るい生命力を賦与できるもの。

D．プレシオス・リラ

　これは何と、眉間から出る放射光の二重ラセンの光なのです。それは何と、何と、人体の細胞の中にあるＤＮＡ構造と瓜二つのように似ているのです。なぜだか分かりません。B.Bさんにはハッキリそう見えています。光のＤＮＡ、遺伝子情報の光の言葉かも？　まだ効用はハッキリ判りません。ただ、人体からこの光が出る限り、あるいは人間の天分を発揮開発させる効用があるかもしれません。私達は今かりにこれを「天分発揮リラ」と呼んだりしています。

## [表2] 自然音楽セラピーで働くエネルギー

| エネルギーの種類 | 働きと特色 | 年月日 |
|---|---|---|
| Ⓐ 白い霧状エネルギー | 薬草で作ったような薬効、半身より特に（左）手足先（または指紋）より入る | H 9.11.3 |
| Ⓑ 薬流のようなもの | 頭から注入、全身に非常な寒気 | H 9.11.3 |
| Ⓒ 金色の長針（針から白い薬のような半液状のもの出る） | 左脳と背骨左脇に骨髄へ刺す | H 9.11.3 |
| Ⓓ 白光エネルギー（光のエネルギー） | 左半身に注入浄化・右脳（ピンク化）愛を感ず | H 9.11.9 |
| Ⓔ メッセージの矢 | 心臓に刺さる、愛のメッセージ受感 | H 9.11.9 |
| Ⓕ やや短い針 | 右脳・右背骨。効力不明 | H 9.11.9 |
| Ⓖ 赤い光 | 左頭部より左半身に、全身赤くなり、もの凄い浄化、体に力が入った感。 | H10.10.26 |
| Ⓗ 赤オレンジ光 | 胸のチャクラから入る | H10.11.2 |
| Ⓘ 白銀光 | 頭部から全身へ流入 | H10.11.2 |
| Ⓙ 金光チューブ | 頭に挿入、全身金色化（Ⓗ Ⓘ Ⓙ の注入で全身が一本の黄金の樹となる） | H10.11.2 |
| Ⓚ 白色ゲル状（バリウム状）栄養エネルギー | 口から入る、麻酔感覚シビレ感、細胞活性化おこる | H11.2.1 |
| Ⓛ 温いエネルギー | 脳に差込まれる。精妙体の収縮排毒運動の時に差込まれる。排毒誘発剤のごとし。 | H11.2.1 |
| Ⓜ 波状に動く柔かい刺戟光 | 頭頂から足先へ大きな波を画き通る。寒気おこる。 | H11.2.1 |
| Ⓝ 金色の光 | 頭頂から入り、左脳の数式、機械、コンピュータのイメージ排除。眉間通過。尾てい骨に至る。 | H11.2.1 |
| Ⓧ 光る電気的な細く鋭い流れ | 手足の爪の間から入り、Ⓐと共にⒶに先行しつつ全身をめぐる。 | H11.10.18 |
| Ⓧ² 電気的な光、Ⓧより強烈 | 左手足先から入り、手足の痙攣シビレひどい。エーテル体をめぐり、金属的な精妙なものを残し、浄化と補強。 | H12 1.17 |

第三編

# 身体を癒す、心を癒す、人間を変える自然音楽セラピー

# アンケート調査

　平成12年3月18日から5月3日まで（約1か月半）の間に、鎌倉の自然音楽研究所でセラピー（自然音楽CDを聞くヒーリング）を受けた会員154名についてアンケート調査を実施。この人達はこれまで少なくとも3回以上セラピーを受けたセラピー経験者です。また上記の期間中に何回かセラピーを受けても、アンケートは1回だけ書いて貰いました。従って、154名は上記の期間中に自然音楽セラピーを受けた人々の「絶対人数」ということです。

- 調査対象人員　154名
- 調査期間　平成12年3月18日〜5月3日
- 調査項目
    1. 自然音楽セラピーを受ける目的
    2. 自然音楽セラピーの効果

## ［調査項目 Ⅰ］ 自然音楽セラピーを受ける目的

### 〈アンケート〉 質問
あなたがヒーリングを受ける目的は何ですか？ （次の該当するものに○印を付けて下さい。最大の目的には◎印を付けて下さい）

### 〈○印の集計〉 いろいろな目的
○印の回答を集計し、数の多い順に配列すると下記のようになった。
1. 世のため人のため、地球のために役立ちたい ………… 99
2. 自己の人間としての進歩向上、浄化、改善のため ………… 85
3. 「リラの響き」の発声、及びその進歩のため ………… 76
4. 病気（心身の不調和）改善、体質改善のため ………… 65
5. リラクゼーションのため ………… 40
6. 自然音楽を歌いたいから ………… 34
7. その他の目的 ………… 11
8. 回答なし ………… 2

### 〈◎印の集計〉 最大の目的
◎印について集計し、これを数の多い順に配列すると下記のようになった。
1. 世のため人のため、地球のため役立ちたいから ………… 83
2. 自己の人間としての進歩向上、浄化、改善のため ………… 10
3. リラクゼーションのため ………… 8
4. 病気（心身の不調和）改善、体質改善のため ………… 7
5. 「リラの響き」の発声、及びその進歩のため ………… 7
6. 自然音楽を歌いたいから ………… 2
7. その他の目的 ………… 2
8. 記入なし（目的について回答なし） ………… 2
9. 不明（○印が幾つか付けてあるが、その中に◎印の記入がないもの）…… 33

以上 計 154 名

# 考 察

## 〈異例中の異例、これが療法を受ける目的とは〉

　目的の第一は圧倒的に「1. 世のため人のため、地球のため」です。これは療法ではなく奉仕団体です。第二が「2. 自分の進歩向上のため」、これなら修養団体です。どうして、こんな療法（心身の癒し）とはかけ離れたような目的をもって、154名の人々が通って来るのだろうか？

　考えられることの第一は、もともと自然音楽研究所の出発点は、宮沢賢治愛好者のグループだということです。そこで「リラの響き」が生まれました。「リラの響き」は宮沢賢治の精神である「デクノボー」（無私無償の奉仕者）を、賢治と同様に悲願とする人々が、その精神（愛の心）を声で発声したものです。

　ですから、このような人々（「リラの響き」を発声する人々、世のため人のために奉仕したいという人々）が自然音楽研究所を作ったわけだから、そのような傾向の人達が集まったことはうなずけます。このリラの響き集団「宮沢賢治愛好者グループ」の中から、自然音楽が発生しました。賢治と同様に自然を愛する雰囲気の中から生まれた音楽です。ところが、生まれてみると、この自然音楽が意外や意外、人の心も体も癒す驚くような力があることが次第に分かりかけてきたのです。（注、これは『自然音楽療法の検証』をご覧になると、発生当初の情況や、その驚くべき効果などが手に取るように分かるでしょう。）

　こうして、心身の癒しを求める人達が、口こみなどを軸にしながら集まって来ました。これが「自然音楽研究所」という独立した、自然音楽セラピーや、歌唱指導、ならびにコンサート活動をする団体となって確立しました。

　それなのに、なぜ、「世のため人のため」や「自己の進歩向上」を目的とした人々が、セラピーを受けに来る人々の主軸となって、いつまでも継続されているのでしょうか。

その理由は極めて明晰です。次のアンケート「Ⅱ．自然音楽療法の効果」をご覧になると判明します。そのセラピーの効果が、自己の人間成長やなかんずく人格的成長と、密接に結び付きながら発生しているのです。まさに自然音楽セラピーとは、異例中の異例、従来の病気直しやリラクゼーションやとは、全く異質の、方向を新しくした「人間療法」なのです。

### ［調査項目Ⅱ］　自然音楽セラピーの効果

### 〈アンケート〉　質問
　あなたがヒーリングを受け始めてから、良くなったこと、また変化したことがあったら書いて下さい。

### 〈集計１〉　改善者数
　回答を整理して、数の多い順に配列したら次のようになった。
　　A．精神の面に改善のあった者 ……………… 61名（40％）　┐心や体の改善者82％
　　B．身体と精神の両面に改善のあった者 … 33名（21％）　│
　　C．身体の面に改善のあった者 …………… 33名（21％）　┘総改善者
　　D．家族や身辺や生活に改善が及んだ者 … 7名（ 5％）　　計87％
　　E．記入なし ……………………………………… 20名（13％）

　　　　　　　　　　　　　　　　　　　　　以上　計154名

## 考察

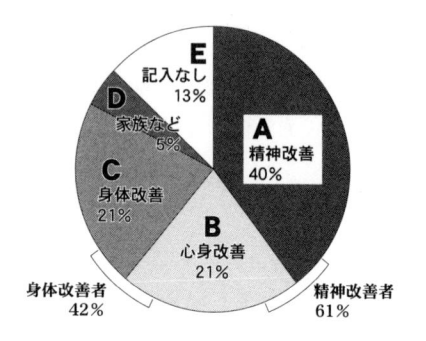

　上記の集計で見ると、何らかの改善のあった者は、A・40％（61名）、B・21％（33名）、C・21％（33名）、D・5％（7名）、総計87％（セラピー受容者154名中、134名）に及びます。音楽が心身の安らぎ（リラクゼーション）に良いことは誰でも知っています。しかし、一時的なリラックスの域を越えて心や体などに（本人に）改善変化があった者が82％に及ぶとは。それも、肉体の改善者が66名（42％）もいるとは。

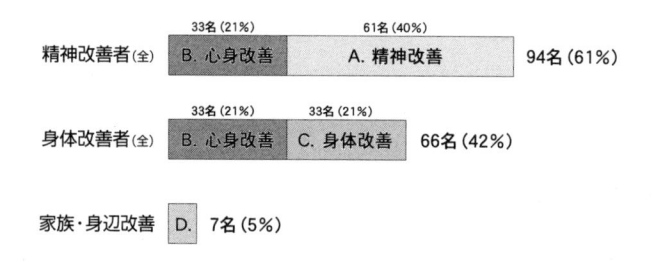

　聞くだけで、肉体を改善する自然音楽とはどういう音楽なのでしょうか。単にリラクゼーションの域を越えて肉体まで改善する自然音楽とは、いったいどういう音楽なのでしょうか。では次に、セラピー効果の内容に目を向けて、更に一歩を進めて考えてみましょう。

## 〈集計２〉 改善者の改善内容の分類（改善者134名）

1. 精神の改善内容の分類（改善者94名）
    A. 人柄・性格の改善（明るい・優しい・前向きの人柄）…… 44例
    B. 安定感の増進（ゆとり・平静心）……………………… 42例
    C. 人間性の成長（感謝や愛の心）………………………… 12例
    D. 能力の開発（新しい才能・アイディア力）……………  2例
                                       以上  100例

2. 身体の改善内容の分類（改善者66名）
    A. 病的症状の改善………………………………………… 50例
    B. 体力・活力の増進……………………………………… 32例
    C. 体質の変化・改善……………………………………… 10例
                                       以上   92例

3. 家族や身辺の改善内容の分類（改善者7名）
    A. 親族の心身に好転影響…………………………………  4例
    B. 家庭環境・生活環境の改善……………………………  3例
                                       以上    7例

## 考　察

〈自然音楽セラピーの特色は、癒しの効果、自然治癒力、心身相関〉

　何と、肉体の病的症状の改善が50例出ています、音楽を聞くだけで。また、人柄や性格が変わった例44、人間としての成長12例。薬を使ったわけでないのに病的症状が改善され、教育や宗教など言葉を使うカウンセリングはないのに人柄が変わり人格の成長が見られます。これがいったい音楽なのでし

ょうか。

　「音楽療法」と呼ばれるものがあります。これは患者に音楽を聞かせ、歌わせ、演奏させたりします。しかしその基本にあるのは、薬物療法や手術などの医療です。その上に立って、音楽を併用しながら治療を致します。使用する音楽は主としてクラシック音楽です。つまり音楽療法は医療の補助的な協力手段です。音楽だけで治療することは通常あまりありません。

　だが自然音楽セラピーは音楽CDを聞くだけを基本とします。つまり薬品も手術も併用しません。もちろん自然音楽セラピーは病気治療を目的とした療法ではありません。人間療法です。しかし結果的には、集計で御覧のとおり、身体の病的症状の改善者50例、精神の改善者は100例も沢山出ています。これはいったいどうしたことでしょうか。

　薬を使わない、手術などしない。また言葉による説得や導きもしない。それなのに精神と身体の改善者が実に87％に及ぶ。いったいこれはどうしたことでしょう。つまり、薬品・手術・手当て・言葉など外的手段を一切使わない。それでいて体と心に変化が起こる。これはどう考えても、本人の自然治癒力が活性化されて、自分で自分を癒したとしか考えられません。つまり自然音楽セラピーには人間の自然治癒力を活性化させ発動させる何かがあるのです。その「何か」とは何か。

　一つは、ヒーリング中に種々のエネルギーが体内に入って熱くなり、シビレ感があり、冷感が走って排毒現象があり、また反応として、発熱・排痰・下痢・頻尿・発汗・発疹などの排毒作用があり、こうして身体の浄化と活性化が進められます。

　もう一つは、なぜ精神の改善者が94名（61％）もいるのか。ねころんで音楽を聞くだけで精神や人間が変わるとはある種の奇跡です。これは自然音楽の精神変革力が非常に強い、そういうことだと思います。また、身体改善者（66名）の半数（33名）が精神の改善者、つまり「心身改善者」なのです。これはどういうことかというと、身体の改善には精神の改善が大切だという

ことです。つまり人間は心身相関で、病気の原因にも精神があり、また身体の改善にも精神の改善が有効だということです（心身は相関しているから）。

つまり、自然音楽セラピーでは、大いに大多数の人々の精神の改善浄化を行いつつ、人間の精神的進歩を進めつつあるだけでなく、精神の改善を通じて、（心身相関の原理で）、身体の改善も進めているということです。

「心身の相関」、これがどうも人間が病気になったり、健康になったり、あるいは精神の進歩改善にも、（同じ心身相関の原理から）身体の改善強化が大切なポイントである。そういう事で「自然音楽セラピー」では、精神の浄化進歩、心身相関の改善が極力進められている。どうも、これがアンケート集計から得られる大事な一つの回答です。

では、更に集計の分析を進めることで、自然音楽セラピーの、（この新しい療法の）特色をつきつめて見ていくことにしましょう。

第1章

**身体の改善**

## 1. 病的症状の改善（50例）

| | | 改善された症状（50例） | 改善数 |
|---|---|---|---|
| A | アレルギー<br>鼻　炎<br>皮　膚 | アトピー(6)、花粉症(4)、アレルギー性鼻炎(3)、<br>蓄膿(2)、湿疹(2)、喘息(1) | 18 |
| B | 痛　み | 腰痛(5)、膝痛(2)、慢性頭痛(2)、慢性肩こり(2)、<br>首・肩の痛み(1)、足痛(1)、リュウマチ(1) | 14 |
| C | 内　臓　他 | 血圧(2)、生理不順(2)、心臓病(1)、甲状腺異常(1)、<br>糖尿病(1)、胃病(1)、子宮ポリープ(1)、排尿困難(1)、<br>過食症(1)、不眠症(1)、咳込み(1)、発声困難(1) | 14 |
| D | 骨　など | 骨折の改善促進(2)、足の形改善(1)、<br>歯の噛み合わせ(1) | 4 |

## 2. 体力の改善（32例）

| | 体力の改善（32例） | 改善数 |
|---|---|---|
| A | 体力・活力の強化増進 | 18 |
| B | 体調が好転した | 14 |

## 3. 体質の改善（10例）

| | | 体質の改善（10例） | 改善数 |
|---|---|---|---|
| A | 嗜好変化 | 菜食化した(3)、酒を好まなくなった(1)、<br>コーヒー、チョコレートを好まなくなった(1) | 5 |
| B | 体質変化 | 冷え症解消(3)、薬剤の副作用消滅(1)、<br>体質改善好転顕著（1） | 5 |

## 考　察

### 〈音楽がなぜ肉体の病気を癒すのか〉

　この集計を見て、先ず驚きを感じるのは、50例の病気の改善例があることです。音楽がなぜ肉体の病気を癒すのか。音楽が身体の細胞に化学的変化を与えるのでしょうか？　そんな事は普通は考えられません。音楽は耳から入り、情動～心に影響は及ぼしますが。

　第二に驚くのは、アトピー、花粉症、喘息、リュウマチ等、現代医学でも治癒困難な症状が改善されていることです。なぜ、薬を使わず、一切手も触れないのに、薬や手術でも治癒困難な症状の改善に効果があるのでしょうか。

　第三の驚きは、内科、整形外科、皮膚科、耳鼻科、アレルギー科など、数多くのほとんど全科の病的症状が、ただ一つの音楽を聞くだけで改善されていることです。

　自然音楽は、西洋医学で治癒困難な病気を改善する、殆んど全科の病的症状に有効であるらしい！………なぜ、薬品ではない、音がなぜ？　肉体にこれほど顕著な改善・変化を及ぼすのでしょうか。

　ここで言えることは、自然音楽は薬品より深く肉体の奥に滲透するのではないか？（医療で治癒困難な症状が改善されるのだから）。薬品より広く臓器や身体組織に影響を及ぼすのではないだろうか？（殆んど全科の病気に有効な改善例があるのだから）。この身体に深く、広く滲透する自然音楽とは、いったい何なのでしょうか？

## 〈心は体を操る引き綱なのか〉

　脳の中心部（脳幹）には、視床下部、脳下垂体、松果体などがあります。これらはいずれもホルモンを分泌します。これらの生理学的な解明はまだ進んでいません。しかしたとえば、視床下部が刺戟されると、体内麻薬であるβエンドルフィンや、脳内覚醒剤であるドーパミンが分泌されるそうです。すると愉快になり、明るい、前向きの気持ちになるそうです。またＴＲＨホルモンが分泌され、これは甲状腺ホルモンの分泌を促すので、身体の活力・活動力が高揚するそうです。

　前述の［1. 精神の改善内容の分類］をご覧下さい。44例が「A. 人柄、性格の改善（明るい・優しい・前向きの人柄）」になったと回答しています。これは45人が自然音楽を聞くことで、恒常的にβエンドルフィンやドーパミンのホルモンの分泌者に体質が変わったということです。つまり自然音楽は

　　**音楽 → 脳幹を刺戟しホルモン分泌 → 人間の性格を改善**

　上記のような図式が出て来ます。また同じく、［2. 身体の改善内容の分類］を見ると、32例が「B. 体力・活力の増進」と回答しています。これは自然音楽は恒常的にＴＲＨホルモンや甲状腺ホルモンを分泌させて、人の体質を変換させると考えられます。即ち、自然音楽は

　　**音楽 → 脳幹を刺戟しホルモン分泌 → 体質・体力を改善**

以上のような図式が成りたちます。つまり自然音楽は、耳から音楽を聞くだけで、人間の精神（性格など）を変え、また身体（体力・体質）を転換させるということです。この時、脳幹（脳の中心部、内分泌ホルモンの分泌中枢）に作用しつつ、人間の精神や体力や体質を転換させる、ということです。

## 〈自然音楽セラピーは、音楽療法とここが違う〉

　「音楽療法」というものがあります。これはクラシック系の音楽が多く使われます。一般に患者が好む音楽を聞かせ、時には歌わせ、時には演奏させたりします。但し、この基本になっているのは医療です。つまり薬物療法を行い、手術なども行い、音楽療法はその補助的手段になっています。音楽だけで治療を行うのは、ごく限られた場合に限定されます。換言すると、音楽療法だけで病的症状を改善したり、それが精神的疾患（神経症、うつ病、分裂病など）改善の場合も薬物療法が基本になっています。まして音楽だけで性格や人間性の改善に使われることはありません。

　この点、自然音楽セラピーは（これは病気治療が目的ではありませんが）、セラピー経験者の多くが身体的、精神的疾患の改善や、性格から人柄の改善まで、薬品を併用しなくても、有効な結果を音楽だけで出しています。これは既述のように、一つは自然音楽が脳に作用を及ぼし、内分泌ホルモンのさかんな分泌を促すこと、ここに秘密が、今後科学のメスで解明されるべき鍵があると思います。

　このように自然音楽が脳に大きな作用を及ぼすということは、音楽はもともと情動に訴えるものですから、自然音楽は精神に他の分野の音楽とは違って、格段に変化と影響を及ぼす力を持つものと言ってよいでしょう。そういえば［表2］で見たように、自然音楽セラピーは61％もの数多くの精神改善者を出しています。では更に、この精神改善者の分析を進めてみることにしましょう。

# 第2章

# 精神の改善

## [精神改善内容の集計] 100例（94名）

### 1、人柄の改善（44例）
　　a．プラス志向の気力ある人柄になった …………………… 24
　　b．明るい人柄になった ……………………………………… 11
　　c．優しい人柄になった ………………………………………  9

### 2、安定感の増進（42例）
　　a．ゆとりと落ち着きが出た ………………………………… 28
　　b．イライラ、クヨクヨしなくなった ………………………  9
　　c．気分の切り替え可能になった ……………………………  2
　　d．気分の落ち込みなくなった ………………………………  2
　　e．トラウマ（心の傷）解消 …………………………………  1

### 3、人間的な成長（12例）
　　a．精神的に向上した …………………………………………  2
　　b．心の浄化が進んだ …………………………………………  2
　　c．性格が良くなった …………………………………………  2
　　d．感謝の心を持つ人間になった ……………………………  2
　　e．感動の心が持てる人間になった …………………………  1
　　f．善悪のケジメが分かる人間になった ……………………  1
　　g．調和心のある人間になった ………………………………  1
　　h．幸福感のある人間になった ………………………………  1

### 4、能力の開発（2例）
　　a．新しい才能の開発 …………………………………………  1
　　b．アイディアが湧く人間になった …………………………  1

## 考　察

### 〈精神の深部に手が届く音楽〉

　この集計を見ると、自然音楽が精神に与える影響力の強さがよく判ります。61％（94人）に変化を与えている数の多さだけでなく、集計で見るとおり、性格（人柄）に変化を及ぼし（44例）、人格にまで感化を及ぼすのです（12例）。つまり自然音楽は普通の音楽と違って、ひと時の心のリラクゼーション（慰め、安らぎ）でなく、性格を変える魂の深部にまで変化を及ぼす、いわば驚異的な情動音楽なのです。

### 〈精神に手が及んで行く段階〉

　なぜ、魂の深部にまで自然音楽は手が届くのでしょう。魂〜精神はあるいは井戸のように深いものかもしれません。そこへ釣瓶を降ろしていくわけです。釣瓶を降ろす時は、手を一たぐり、二たぐりと繰り伸ばして下ろして行きます。そのように精神の深みへ手を触れて行くには、段階のようなものがあるようです。その事は集計分類を見ると気付きます。
　先ず、①安定感（イライラ・クヨクヨしなくなる、落ち着き、平静心、ゆとり）これです。次に②人柄が、性格が変わる（明るい、優しい、プラス志向の人柄になる）。すると人間的に成長する（感謝を知り、愛の人に変わる）。この

　　　安定感　→　人柄・性格変化　→　人格のレベルアップ

これがコースです。こうして人は性格の変化から、人格的成長を克ちとります。この基本の決め手になっているのが安定感です。
　この安定感………イライラ、クヨクヨはどうすればなくなるのでしょう。これはとても難しい事です。なくそうとしても、意志の力でも、あれこれの努力でも、消えるどころか逆に殖えるばかりで、一生つきあうのが通例です。だが自然音楽セラピーでは、寝て音楽を聞くだけで沢山の人が（精神改善者61％が）消えています。どうしてでしょう。このカラクリ（内面）を伝える面白いセラピー体験がありますから紹介します。これはセラピー助手をしているＦ.Ｊさんからの報告です。
〈心の垢の下痢、浄化、トラウマ退治〉
　Ｆ.ＪさんはＣＤ『林檎のある森』をかけて、ヒーリングをしました。すると最初の曲「種山ヶ原」のところで、
　　"暖かいカプセルの様なものに入り全身ポカポカしてきました。"
次に「春」の曲になると、
　　"体中の良くないものが胸の所に集まって灰色のかたまり（ジャガ芋の2～3個分）になりました。灰色のかたまりはグーグーグーと寝息をたてています。そのうちゴホ、ゴホとジャガ芋が咳をして、「悪いものを全部出さなきゃ」と言って、またゴホ、ゴホと咳をしました。私は音楽を聞きながら、自分の体の中で起こっている事を見ています。やがて「小川は夢見る」の曲に来ると、歌声「人々の喉をうるおし水は流れつづける……」のところで、ジャガ芋の固まりは素早く手ですくって生命の水をゴクゴク飲みました。すると私はトイレに行きたくなったので、今日のヒーリングはこれでおしまいです。"
　Ｆ.Ｊさんはヒーリング後サッパリしたそうです。夢か？　ヒーリングの内実を象徴的にこんな形で感じ取ったのか？（ちなみにＦ.Ｊさんは通常人より少し敏感体質です）。ジャガ芋大の灰色の固まりとは、Ｆ.Ｊさんの心の垢のかたまりでしょうか。それがヒーリングで初めは気持ちよくグーグー居眠っ

ていました、(F.Jさんは暖かいカプセル様のものに入って全身ポカポカでした)。すると、ジャガ芋は「悪いものを全部出さなきゃ」と言ってゴホゴホ咳をしました。F.Jさんは咳をしました。きっとこの咳で F.J さんの心の垢が外に排出された現象かもしれません。ジャガ芋は次に曲に乗って(曲が運ぶ癒しのエネルギーに乗って)「生命の水をゴクゴク飲みました」。セラピーでは、時として薬のような水や食品を口にすることがあります(現実には肉体は何も飲食しませんが)、ですから、これは夢というよりエーテル質の何かを口にしたと解釈されます。F.Jさんも生命の水のエーテル水を飲んだのでしょうか？ F.Jさんは、心の垢をジャガ芋の形で胸に集め、咳で吐き、その後生命の水で浄化したという事でしょうか。奇妙な話と言えば奇妙ですが、この後、F.Jさんの心の浄化が進んだのは現実で、心の垢の下痢現象とでも考えておきましょう。

　F.Jさんはその後、セラピー助手を務める時、セラピーのお客さんに悩みがあったり心の傷や疲れがひどい時、きまってその後で胸がひどく苦しくなります。呼吸がつまって、咳をゴッホゴッホするが止まりません(お客さんの心の垢を貰って、それを排出しようとするが、垢が強すぎて咳では出ないのです)。F.JさんはＣＤ『林檎のある森』をかけて自分でセラピーをします。特に「落陽」の曲が一番効き目があるようで、そこのところをリピートすると、やがて胸のところで何かが焼け焦げる匂いがして、その後スッキリします。(注、そして心の垢を持って来たと思われるお客さんも、きまってスッキリとします)この現象はその後しばしば起きます。人の心の垢を代替して自然音楽で消す現象です。これはいちおうの浄化レベルを越えたF.Jさんだから出来ることで、霊能力などではなく、自然音楽が人の心の垢を消す働き(多分、他人の心の垢をF.Jさんが受け取り、自分の垢のようにして自然音楽をF.Jさんの脳幹で聞きながら、内分泌ホルモンの湧出の生理作用があって、心の垢が消滅する)、たぶん人の体と心はこんな形でつながっており、自然音楽は(即ち、音は)、良い音楽はこれを消す作用をするのです。

〈色々な形式の心の垢排出法〉

　心の垢の解消は色々な形で行われるようです。体の排毒と似ています。上記の「咳」は正しくは咳とそれによる「排痰」現象というべきでしょう。焼くとは「発熱」で毒を溶かすこと。しばしば体験されるのは、過去の自己の過失や悪意の行為（罪）や人とのトラブルを、思い出したくないのに、ヒーリング中にイヤというほど思い出さされることです。思い出して悔んだり反省したりするわけです。これでその犯した心の垢は解消します。これは「発疹」現象のようなものです。体内の毒が表へ吹き出て、膿を出し、そのあと皮膚が乾く。これは自然治癒の働きですが、心の垢（体内の毒素）も同じコースで自然治癒します。

　しかし重いストレスや心の傷はそれくらいでは消えません。何度も上記の発疹現象で膿を外へ出しつつ、最後は濃厚な痰の固まり（心の垢の固まり）を排出しなければなりません。これは排痰というより「嘔吐」というべきかもしれません。実際に腹部から胸へ抜ける時に難所があるようで、ここを越えれば嘔吐が成立し、その重いストレス、または心の傷（トラウマ）は消えます。（注；これについては本書の第4編をご覧下さい。「巻戻し法」として紹介してあります。）

　上記の他にも心の垢の浄化法は種々あります。たとえばヒーリング中の「寒気」現象です。これは多くの人がしばしば経験します。これで心身の垢（老廃物）が排出されます。ですから一種の「下痢」みたいなものです。上記のように、心の垢の排出は、体の毒素の排出と似て、「咳と痰」、「発疹」「発熱」、「下痢」、そして「嘔吐」などです。この中で重いストレスやトラウ

マ（心の傷）は、独特の嘔吐によって（自然音楽セラピー特有の巻戻し法によって）最終的に放出されるようです。

第 3 章

## 邪気(心のしこり)の抜け方の、現実と推理

〈寒気と発疹と嘔吐〉

　上述の「寒気」現象は、肉体細胞から邪気（肉体の毒素）が排出される場合と、エーテル体からの邪気（心身の毒素）が抜ける場合とがあるようです。なぜなら、「寒気」は ① 霧状の白いエネルギー（体液に対応するレベルのエネルギー）によるものと、② 磁気的ないし電気的エネルギー（エーテル体に対応するレベルのエネルギー）によるものがあるようですから。（第2編を参照して下さい）

　さて、「巻き戻し法」（嘔吐）ですが、これは強いストレス因、トラウマ（心の傷）根が解消する場合に起こります。この場合は腹部から胸部へその根が通過して、頭外へ抜けるというコースをとります。これがトラウマ、ストレスの解消です。

　軽いストレス因は、一度ヒーリング中に過去の悲しみや、不快な記憶をイヤというほど思い出さされると、それで消えます。つまり発疹現象による癒しです。しかし重いストレスの場合は、恐怖・罪悪感・自己卑下・苛められた苦しみ・または悔恨など、ヒーリング中にしつように思い浮かべる、それだけでは消えません。それを何度かヒーリングで繰返すことがあるし、また日常生活でそれが原因で一時的にウツ状態に落ち込む時間があって、その後に抜けます。但し、抜ける時は上記のように、腹部 → 胸部 → 頭外へと、何か（不快なシコリの固まり）が通過して抜ける、いわば嘔吐のような現象をヒーリング中に経験して、これでサッパリと抜け解消します。

〈トラウマの場合は、ひどい嘔吐現象〉

心の傷（トラウマ）と言われる程の深い強いストレス根も同様の経過をたどりつつ解消されます。但し、体からそのシコリが離脱する時、苦しみ、困難さが一層強い（辛い）ということのようです。
　ここで、過去の辛い恐怖や、イヤな記憶が腹部から抜けるということです。記憶なら脳にあり、脳から抜ければいいということですが。もちろん記憶は脳にあります。だからシコリの固まりは頭部を通過して体外へ出るのですが。その前に、腹部から胸部を通過しなければならないのは何故でしょうか。
　ここにチャクラの問題がどうしても出て来ます。不快なシコリの固まりは、多分、腹部のチャクラにコビリ付いていると思われます。腹部は気海・丹田と呼ばれ、気（生命エネルギー）を生むところ「丹田」と、気をプールするところ「気海」があるところと考えられています。即ちこの気海・丹田は印度のヨガでいえばマニプラチャクラ（臍のチャクラ）に当たるかと考えられます。そこで、邪気（不愉快な記憶のシコリの固まり）は、この気海・丹田あたりに住み付くと考えます。なぜなら、気（生命エネルギー）を生むところ、蓄える部位に、反対の犯すエネルギー体といえる邪気を噛み付かせておけば、人の生命エネルギー活動を阻害するには致命的ですから。即ちこの邪気（邪鬼）は腹部に住むと仮定します（仮定と言ったのは科学で未解明だからです）。しかしヒーリングでストレス因が抜ける時は、この腹部から出るのが繰返される現実ですから、これは事実です。


## 〈邪気をどうやって出すのか〉

　さて、ヨガで言うようにチャクラがあり、古人が言うように気海・丹田があるのは否めません。軽い邪気なら、前記のF.Jさんのように咳で出ます。

これは（腹部から、すでに胸部にまで、自然に上ぼって来ているものなので）、咳くらいの衝動で出ます。また咳で出なければ、ＣＤ（特に『林檎のある森』の中の曲「落陽」）が有効なようです。これをかければ、まるで太陽に焼かれるようにして焼却されて消えます。（F.Jさんの場合は、他者から仮りに身替りで受け取っていたので）、少々強い邪気でも、腹部でなく、胸部に初めから受け取っていたので、この方法で処置できるのでしょう）。少し強いストレス因は（それが本人の作ったものなら）、やはり腹部にあり、これは胸を通って、嘔吐させます。

## 〈トラウマを越えるのはなぜ厳しいか〉

　さてこの嘔吐ですが、嘔吐がなぜ厳しいかです。通常は、苦痛な（現実の嘔吐と同じくらい）苦しみを体験しつつ、胸部を通過させて体外へ放出させます。実は、腹部と胸部の間に、一種の壁があるのです。それをつなぐ通り路は細くて、いわば曲っていて、スムーズには通らない、そんな感じです。何故か？
　胸のチャクラと腹部のチャクラとでは、異質だからです。胸のハートチャクラは愛のチャクラ。腹部の、下から ① 根のチャクラ、② 臍のチャクラ、③ 太陽神経叢のチャクラの三つは、生存本能（自己を守るための、恐怖心）や、それから発する（怒り、悲しみ、恨み、闘争心など）の悪感情的なものの心理と対応するチャクラです。胸の愛（他者のため自己放棄の感情）と腹部の（自己を守るための自己中心の諸感情）とではウラハラ、逆です。この逆転の壁を越えるのは至難で、従って通路は細くて曲がっているというわけです。

通路が細いのは、これまで人間の歴史の生き方が自己中心で織り出されてきたので、使われなかったので細いということ。もともと下部の生存本能の自己中心と、自己放棄の愛とでは全く逆の生き方だから、この腹から胸へ上ほるコースは曲がっているということでもあります。ですから、腹から胸のチャクラへ、人の意識の本拠地を移転させるには、自己放棄（愛）の辛い決死の思いで壁を破る苦しみを経なければならないのです。但し、愛の生き方にターンすれば、意識中心が胸のチャクラに移り、このチャクラが開花するので、自然に腹からの道が開かれていくので、嘔吐の辛いトラウマでも通過が可能になるということです。

　要は、愛にその人の意識が転換できるかで、腹と胸の間の通路が出来るかどうか、広くなるか、つまり、境界の壁が開かれるかどうかということです。従って、自然音楽セラピーでは、ひたすら人間の精神の改善に重点を置いてセラピー現象が進展させられるのは、この理由です。

　さて、愛に人の生活意識が転換すると、嘔吐が起こり、腹部にあった暗い精神のシコリの固まりは、腹から胸を通って、頭から離脱させられます。こうして人間の転機、人生の転機、チャクラの本拠地の転換が起こります。なぜなら、意識の転換に応じて、チャクラは花開き、活動し、その活動が精神だけでなく、身体にも直接影響するように作られているからです。つまり、チャクラとは心身のコントロールセンター、生命のエネルギー中心です。


## 〈癒しの源泉は、人の内部にある〉

　上記のように、人の意識が愛に転換すると、心身の全バランスが転換を始めます。つまり、今まで人に頼り、薬に頼り、金に頼っていた生活パターン

が、自己内在の宝石（妙薬）を外に――心身に、生活にも発揮させるように変わります。健康の問題においても、心身ともに自然治癒能力を発現させます。これは驚くべき人間転換です。薬に頼らない、自己内在の妙薬を発揮させて心身の健康を保つとすれば、これは医療革命であるだけでなく、人間の全歴史や文明の転換にも結び付きます。そしてこの事が、「愛」そのことによって起こるのです。ちょっと大げさになりましたが、順を追って考えます。

　愛といえば、一見、宗教的に聞こえますが、そうではありません。愛とは自立心です。何事も人や物に依存しない強い精神です。なぜなら、愛の人は人を欺かず、人を傷つけず、人から奪わず、何事も人のせいにせず悪口を言いません。これが愛ですが、それは自分の中に一切の必要物があることを知っているから、そういうこと（奪い、殺し、裏切り、悪意の発動）の必要がないのです。ですから、愛とは自立心、何事も人や物に依存しない強い精神です。

　それは恰かも一本の木です。木は天へ向かってのみ伸び、酸素とその体を提供し、常に癒しの波動（自然音楽）を歌っています。これは共生・共栄の人の姿、愛そのままの姿です。だから愛の人とは樹木です。

　樹木は自然の一部、だから愛の人は「自然人」です。人が自然の一部ということは、小宇宙だということと同じです。原子の構造は太陽系に似ています。太陽は銀河をめぐり、銀河は宇宙をめぐります。60兆の細胞をもつ人体は、いわば小惑星です。自然人となった愛の人は小惑星（小宇宙）の姿を取り戻した人です。ですから太陽のように、地球のように自転いたします。すべてを自存、自律しつつ、何億億年も廻転できる自律体です。ですから自立心を発揮し、ここに自己免疫力を心身に発揮発動を始めるわけです。

ですから、人を癒す万能薬は内部にあり、これを発動させるキーは愛（精神）、内部にあります。ですから、脱依存心を人が生活で発揮すれば、健康も、社会も、すべて自律を始め共生と共栄を生む筈です――木々のように、自然界のように、宇宙のように。

三．身体を癒す、心を癒す、
　人間を変える自然音楽セラピー

## 〈自立心で人体は花開く ── 自然治癒力の開花〉

　愛で胸のチャクラが開花すると、木のように上へ上へとチャクラが開花します。喉のチャクラ、眉間のチャクラ、頭頂のチャクラと。これは樹液が上へ昇ぼるのと等しく、(愛の樹液が) 上昇し、この愛と関連しながら、次々と高位の意識焦点（チャクラ）が目覚めるのです。喉のチャクラはコミュニケーション（他者とつながり）を生むチャクラ。眉間のチャクラは直感・直覚を開くチャクラ。頭頂のチャクラは英知の門です。すべて愛があるからこのつながりが出来るので、胸から上の四つのチャクラは上位チャクラで（注、下位の三つのチャクラが、生存の恐怖と欲と（悪い）感情のチャクラであるのに対し)、愛で花開く人生をパラダイスにする意識焦点です。すると同時に身体に次の事が開花します。

　愛の樹液のいわば上昇で、チャクラが次々に開花します。胸チャクラは胸腺に対応するチャクラです。次の喉チャクラは甲状腺に対応しています。上の眉間のチャクラは脳下垂体に、最上位の頭頂チャクラは松果腺に対応しています。これら胸腺・甲状腺・脳下垂体・松果腺はそれぞれのホルモン内分泌液を分泌いたします。だからチャクラが開くということは、これら内分泌ホルモンがさかんに分泌されてバランスをとるということです。ですから、これが身体の健康維持、強化に密接に関連してきます。精神が身体の健康に結び付くとは、一つはこの事です。特に、愛が上位四チャクラを開花させるのですから、愛こそ（自立心こそ）健康の基本要素です。

　そして、肝心なもう一つは脳下垂体です。もし脳下垂体が開花すると、これは全身の内分泌腺の総元締め司令塔ですから、全身のホルモンの出が旺盛

となり、かつ適正にコントロールされます。甲状腺ホルモン（新陳代謝促進）、副腎皮質ホルモン（ストレス防衛ホルモン）、性腺ホルモン、乳腺ホルモン、利尿調整ホルモン、成長ホルモン等。

　また、松果腺は小豆粒くらいで、二十歳で成長が止まり、それから人の老化が始まります。もし頭頂チャクラが開花して松果体が成長を再開すれば、人の若返りが可能となります。不老不死も現実に夢ではないかも。松果腺ホルモン（メラトニン）が不老長寿ホルモンと呼ばれるのはこのためです。

　人類は歴史的に自己中心で生きてきたので、胸チャクラ以上のチャクラの開発が歴史的になされていないのです。今、愛（自立心）をライフスタイル、教育・医療・政治経済・文明全体の源に置いて、これから上位チャクラの開花にスタートするなら、今まで未開発・未成熟の全身の内分泌腺が旺盛で適正な活動を開始して、心身の健康なバランス良い人体へ進化し始めるでしょう。ともあれ、ここでは未だこれだけの事しか言えません。何といっても内分泌腺の科学的な研究は未だまだで、チャクラと内分泌の問題はまだ霧の向こうにあるのですから。

　ただ、いかに精神と内分泌の関係が健康に重大かは、次の一事でも推察できます。怒るとノルアドレナリンが、恐怖心を持つとアドレナリンが副腎髄質から分泌されます。これらは青酸カリより強い毒性をもちます。ビクビク、イライラ、怒る生活がどんなに人体に毒素を（病因を）毎日作っているかこれで判ります。反対に胸腺が開き、脳下垂体が開いていくと、ドーパミンやβエンドルフィン等のホルモン（喜びと幸福感と生き甲斐のホルモン）が分泌され、精神と身体と生活までも上向きに変化します。

　自然音楽セラピーが、イライラ・クヨクヨを消し、終局に人を愛の人に変えていく作用がどれほど大事な意味をもっているか分かってきます。

　精神は内分泌腺とかかわっているだけではありません。更には、中国医学で言う「気」や「経絡」とも深くかかわっているのです。

## 〈愛（精神）は気と経絡をコントロールできる
→ もう一つの自然治癒力の源泉〉

　チャクラは意識センターであると共に、ホルモン分泌センターでもあると、前項で申しました。だがもう一つ、チャクラは「気」の流れをコントロールするエネルギーセンターでもあるのです。
　中国医学では古来、「気」とか「経絡」とか言います。つまり宇宙には気（生命エネルギー）が遍満していて、人体にも動物や植物にもその気が流入して生かされていると考えます。この気のことを印度ではプラナと呼びます。さて、チャクラはこの気（プラナ）を人体にとり入れたり、気を体内で循環させたりするエネルギーセンターです。うまくとどこおりなく良い気が十二分に流入し循環していれば健康体です。この気を体内で流通させている通り道を「経絡」と呼びます。つまり気道のことです。さて、チャクラはこの要所要所にある、いわばステーションです。前記の七つの主要チャクラはいわばターミナル・ステーション（始発、終着、乗替駅）です。
　もし、チャクラが故障したり、閉じていたり、未熟だったりすると、生命エネルギー「気」の流れがつまったり、よどんで濁ったりします。これは病気の原因です。生命エネルギーの滞りや汚濁ですから。
　さて、中国ではこのチャクラの表皮にあたる箇所を「経穴」（つぼ）と言います。気の流れをスムーズに、かつ盛んにするために鍼や灸でツボに刺戟を与えます。また気功では、自分で気の流れを良くするための呼吸法などをしたり（内気功）、また気功士が気を相手に注入させて気の流れを助けたりします（外気功）。ハーブ（薬草）を用いる伝統の中国医学も要するに薬草から良い気を取り入れることと考えられます。

要するに中国医学の根本にあるのは、生命エネルギー「気」を、良質のものを沢山取り入れ、スムーズに盛んに経絡を流通させるということです。
　さて、経絡が気道であり、経穴がチャクラであり、チャクラは意識センターであるならば、もし高級の意識（愛）を持つなら、全身の全チャクラが全開となり（それは全内分泌腺の完全良好な分泌活動を促すだけでなく）、全気道の完全良好な流れを導くことになる筈です。但し、気ないしプラナには上下の質の差が大きいとされます。つまり粗悪な気が流入していてはいけないのです。だから愛によってチャクラを開花させれば、高位チャクラから最も良質の気が流入し、十二分な気の量と、完全良好な気の循環が確保される筈です。これがチャクラがエネルギー・センターであり、かつ意識センターであるということです。ですから人が最高の意識（愛）によって、最高の質のエネルギーを流入させ、かつ最高度に快的に循環させれば、それは人が心身の健康を確保したことになるだけでなく、チャクラの完全開花で、常に経絡に良質の気を循環させ続けられることになり、ここにもう一つの自然治癒力を獲得したことになります。
　人は小宇宙です。つまり本来、生命エネルギー（気）の自動循環体です。もし人が自然人（自然界の本質 ── 自立した愛の心）を持てば、チャクラが完全開花し、一つは内分泌腺の開花発動を得、もう一つは気の自動循環体となり、ここに二重の意味で自然治癒力を発動させて、太陽や宇宙そのもののような姿になります。
　では次に、精神（意識センター、チャクラ）の改善をすすめる自然音楽セラピーで、気がどのように作用しているか考えてみます。

〈エネルギーの流入、循環、排出。シビレ感、痛み〉

寝て音楽を聞くだけなのに、指先や肘や背中や頭部などのある箇所が、チクリと刺すように痛んだり、ズキズキしたり、鈍痛がしたりします。これはエネルギーの注入、あるいは気の動きの時に痛みとして感じたりするのです。その箇所はまさに鍼灸で言うツボに当たることが多いのです。

　実際にエネルギーの流入をしばしば実感することがあります。それは手足の指先、足裏、掌、肘、膝、背、頭など。これもツボに該当するようです。またエネルギーの流れのコースを感じたりします。それは経絡に該当しているようです。

　エネルギーは一種類でなく、10数種類を体感した人の例もあります（第2編のB.Bさん）。少なくとも ① 肉体の体液レベルのように感じるもの、② 磁気的エネルギーに感じるもの、③ 電気的エネルギーに感じるもの、とあるようです。即ち、「気」とか「プラナ」とか呼ぶが、宇宙の生命エネルギーは種類つまり質の差がいろいろあるらしい。だからヤミクモに気は何でも取り入れたり、注入すればよいというものではない。質を選ぶべきだ。その質の選択は、チャクラ（エネルギー流入孔）が意識センターでもあるので、良い高い意識を持つことで、質の選択をしなければならないという、とても大切な問題がここにあります。

　ヒーリング中、体が熱くなったり寒くなったりします。これは熱いエネルギー、ないし冷いエネルギーが入ったからで、この点からもエネルギーはその働きにより使い分けられねばならないということです。

　また、体がシビレたりします。そのシビレ感はセラピーが終わっても続いていることがあります。これは電気的・磁気的エネルギーが流入したからシビレているので、セラピー後もシビレが残るということは、エネルギーが体内に残って細胞の活性化を継続しているということです。

　自然音楽セラピーは、上記のようにエネルギーを流入させ、循環させ、邪気を排出させ、細胞や組織を活性化させる等。また種類も量も働きも多種多様であること。これは宇宙生命エネルギーを、身体の中に現実に取り入れて

いることを示すものです。そして、これが寝て音楽を聞くだけでそうなるということは、自然治癒力というか、体の自動的な働きが宇宙エネルギーを巡らせているとしか考えられません。まさに、自然音楽セラピーは自然治癒力発動のセラピーと言わざるを得ません。

## 〈見えない体・媒体なしで、自然治癒力は発動しない〉

　上記のように、内分泌腺ホルモンの分泌と、気の流入・流出・循環が自在に自動的に起こるのは、自然音楽セラピーでは、自然治癒力が発動しているからです。換言すると ① 内分泌腺（チャクラの肉体面）が開花し、② 気を動かすに十分なエネルギー・センター面が開花しているからです。という事は、意識センターとしてのチャクラが開花しているからです。つまり愛の人（自立心の人）、即ち小宇宙（自然人）の開花があるからです。

　自然音楽セラピーで（ねて音楽を聞くだけで）、87％の改善者が出ていること、61％が精神の改善者であり、42％は病気や体力・体質の改善者であることは、何としても上記の自然治癒力の発動があること、その源泉はチャクラの意識焦点面が開花して、自然人化がずんずん進んでいること、こう考えることが至当であると思われます。

　ここで問題が出ます。自然人化、チャクラの開花はなぜ起こるか？　これは既に述べたとおり、巻戻し現象で心の毒を排出したこと、また一連の浄化で体からの毒も出し、更にエネルギー注入や内分泌腺全開で、気力と明るさ優しさ（愛）のホルモン類を分泌していること。これが自然人化（自立心のある愛の人化）即ち自然治癒力発動の源泉です。

　しかし、チャクラとはいったいどこにあるのか。（どこにあるかが分から

ないチャクラに手が届く自然音楽とはいったい何なのか?)、というわけで、問題のポイントは、チャクラとは何か、チャクラはどこにあるのか、という事です。チャクラは印度のヨガで「ある」というだけで、中国でそれを「ツボ」と呼ぶらしくて、現代医学では解剖学的に肉体にそれがあるとは断定されていません。つまり肉体にはないのです。では無いのか? それでは中国医学の「経穴」とか「経絡」とは何か、どこにあるのか? これは解剖学的には肉体にあるとは何も判っていません。それでは無いのか?

　無いと言ったら、印度4000年のヨガも、中国3000年の医学も否定されてしまいます。では、どこにあるのか?………誰もどこに在るとは言えませんが、自然音楽セラピーでは、上記のように自然治癒力の発動で、寝て静かに音楽を聞くだけで、心身に変化が、人間像の変化までが起こりつつあるのですから、何かがそこに起こっているのです。その何かが、つまりチャクラへの変化(開花)が起こっているのです。そうしてそのチャクラの開花が確かに起こっている証拠が、次々、いろいろとあるのです。それは、チャクラは目に見えないが媒体(肉体の内面に別にある見えない体)があって、チャクラはその媒体に在る。経絡(気道)も経穴(つぼ)もその媒体に在る。そう仮定する時に、チャクラの開花現象が自然音楽セラピーで起こっていることがハッキリ分かってきます。先ず、媒体(目に見えない体)の存在について、自然音楽セラピーで起こるいろいろな証拠をあげてみましょう。

## 〈目に見えない体がないと、次の現象は起こらない〉

　セラピーでしばしばあるのは、二度・三度夢から醒める現象です。たとえばセラピーを受けている夢を見る。「終わり」の声で覚めたら、それは夢で

まだ眠っていた。次の「終わり」の声で本当に目覚めた。これは肉体と奥のもう一つの体が二重に眠っていた事を示します。だが三度リアルに目覚める体験も時々あります。これは肉体の他に奥の体が二種あることを示すものです。だから私達はこれを ① エーテル体、② 精妙体と呼んだりします。

　その証拠に、「今日は眠れずにずっとＣＤの音楽を聞いていた」という人がいますが、隣にいた人がその人のイビキがうるさかったと言うことがあります。これは肉体は眠って、エーテル体で音楽を聞いていた事を示します。

　また、発汗現象には二種類あって、一つは普通の発汗です。もう一つは、グッショリとベッドに染みが付いているのに、下着はサラサラ全く濡れていないのです。これは気体状の汗（毒素）が出て、下着を通り越してベッドで液化したことを示します。もっと顕著なのは、ベッドの厚手のマットの表面はサラサラしているのに、裏返すとマットの裏面が身体の形状にグッショリ染みが出ているのです。まさにエーテル体から目に見えないエーテル質の発汗（心身の老廃物と言える毒素排出）があって、マットの裏面で液化（物質化）したことを示します。

　いつも驚かされるのは、寝ている身体が浮き上がったり、半身起きたり、手足を動かしたり、本人はまさにリアルに感じているのに、肉体は全く動いていなかったのです。これなどはエーテル体の活動です。また誰かに押された、手で触られたという事はしょっ中ありますが、事実は誰もそんな事はしていません。これは本人のエーテル体にエーテル状の何かが押したり触れたりする感触を与えたからだと考えられます。（それはエネルギーがエーテル体的癒しの活動をしている、という事でしょうか）。上記を私達は「整体現象」と呼び、しばしば起こりその後でヒーリング効果が現れます。

　また、セラピー中に、何か薬のような水を飲んだりとか、何かを確かに食べさせられたという体験がよくあります。もちろん誰も何も水も薬も食物も提供などしません。しかし本人はまさにそのように体感します。これはエーテル質の薬か何かを飲んだのでしょうか。もちろん本人のエーテル体で。同

じ事は、時々、何かの花の香りがしたという事があります。これはエーテル体がエーテル質の花の香を嗅いだという事です。エーテル体によるアロマテラピー体験ですね。

　例をあげればキリがありません。自然音楽セラピーでは、見えない体（媒体）によるヒーリング体験はきわめて日常的なことです。つまり、セラピーが肉体の奥の体にまで及んでいるという事です。「寒気」現象は体内の毒素を排出させるセラピー現象ですが、① 白い霧状のエネルギー（肉体細胞の体液に対応するようなもの）による場合と、② 磁気的ないし電気的エネルギーの流入で起こる場合とあります。前者は肉体細胞の毒素排出作業であり、後者はエーテル体内の体と心の毒素排出作業と解釈されます。つまりエーテル体には心身の毒素が溜まり、これが病因となっているから、この寒気現象が起こると言えます。ということは、自然音楽セラピーでは、エーテル体内の毒素まで排出させられるから、身体の根源的改善（体質改善）があり、更に精神の浄化改善まで進むのだと言えます。

　エネルギーは今まで判っているのは十数種類ありますが（第2編参照）、これは大別すると、① 身体の体液に対応するエネルギー、② 磁気的エネルギー、③ 電気的エネルギー、の三種が考えられます。つまり自然音楽セラピーでは、① 肉体の浄化改善、② エーテル体の浄化、③ 精妙体の浄化、この三段階が行われているのではないかと思われます。

　従って、目に見えない体（二種の媒体）までの癒し改善が行われている。という事は、チャクラは（肉体には無いのだから）、エーテル体、更に精妙体に存在する、と言えます。この二種の媒体までの改善浄化が行われるので、自然音楽セラピーではチャクラの開花、完全開花までが進行させられるのです。

　人の自然人化（自転する太陽のように自立心をもつ愛の人化）、このこれまでになかったような人間の改善作業が、自然音楽セラピーでは進められているようです。これは、二つの奥の見えない体にセラピーのエネルギーが届

くこと、人間には二種の目に見えない体が存在すること。この体に経絡（気道）もチャクラ（経穴のポイント）も存在すること、そうして人の変革改善は、そこまで手の届くセラピー、そこへ作用するエネルギーの働きがないと出来ないこと。自然音楽はやっとそこへ風穴を開けたように思えます。チャクラの完全開花、人の自立心を持った自然人化、そこに自然治癒力を発動した、あるいは不老不死へ向かうこれからの人間の未来（療法、教育、芸術、科学など文明全体の未来）が、ほの見えてくるのではないかと考えられます。

第 4 章

家族や身辺や生活の改善

1. 家族の心身に好転相関現象（5例）
    a．夫婦相関 …………………………………… 2例
    b．母子相関 …………………………………… 1例
    c．姉弟相関 …………………………………… 1例
    d．家族全員の健康好転 ……………………… 1例

2. 家庭や身辺の好転（3例）
    a．家庭が明るくなった ……………………… 1例
    b．生活面が改善された ……………………… 1例
    c．身辺の環境好転した ……………………… 1例

以上計8例（7名）
（注）1dと2bは同一人

## 考　察

### 〈人と人はつながっているのでは？〉

　自然音楽セラピーでは、鎌倉の研究所でセラピーを受けるのは、クラブ員である本人だけなのに、自宅にいる家族が心身が改善されるという事は往々にしてあります。上記の集計では5名の方がそのような改善があったと回答しています。改善内容は第1編に6例掲載してあるので参考にして下さい。とにかく血のつながった親子兄弟はもちろん、血はつながってはいないが夫婦でも改善は起こります。いや義理の父母や、更に、親しい友人にまでこの改善効果は及びます。とにかく親族、親友には往々にしてこの現象が起こる

のです。人と人とは、かりに血がつながっていなくても、体と体は別の個体でも、一人の人が受けたヒーリング効果は、なぜ別の人に及ぶのでしょうか。人と人はどこかでつながっているのでしょうか？　肉体ではない別のどこかで？

　癒しの効果（病気の改善）はハッキリ分かり症例として人に示されますが、実は、反応の影響は日常しばしば起こっています。反応とは、例えば家族の一人がヒーリングを受けると、遠くの自宅ないし職場にある家族の誰かが、(時には全く同じ時刻に) 様々な反応現象が起きるのです。ひどい倦さ・眠さ、頻尿、下痢、発疹、発熱、咳や排痰など。もちろんこれらは心身浄化のための好転反応だから、その家族はその度に自分はヒーリングは受けなくても、心身改善効果が起きるのです。

　ごく最近も、Ｔさんが鎌倉でセラピーを受けたら、自分は反応で咳と黄色い痰が出始め、それと同時に自宅にいる息子さんとその子供（孫）さんが、どちらも咳と痰を出し始めたそうです。聞くと息子さんも孫さんも喘息体質があり、その改善反応なのですね。またＹさん（主婦）がセラピーを受けると、二人のお子さんが自宅にいるのにどちらも必ず咳などの反応が起こると報告しています。こういう例はしばしば日常のことです。

　コンサートでは多数が一度に集まるので（注；自然音楽コンサートはライブ集団セラピーの効果がある）、興味ある報告を数多く耳にします。昨日（平成12年6月4日）のコンサートでも、Ｈさんが反応でコンサート中にひどい眠気とだるさになったら、同じ時刻、職場のご主人（医師）もひどい倦さと眠気になったそうです。前記のＹさんは都合でどうしてもコンサートに行けなかったのですが、コンサートの同時刻からひどい倦さになり、これはてっきりコンサートの反応だと痛感したそうです。身内は誰も出席していなかったが、知人達が出席しており、自分も行きたかったから何かが通じた、やはりこれも友人相関の一種だと思われます。

　このように自然音楽セラピーでは、恰かも人と人とはつながっているかの

ように、癒しの効果が伝染したり、好転反応現象は日常良く起こっている事です。いったい、なぜ？

## 〈媒体・想念体・縁、三つの前提〉

　科学では人（個体である肉体）と人とがつながっている事は認められません。つまり否定されます。しかし、事実は、つまり自然音楽セラピーでは、否定できない事例が次々と起こるのです。事実よりも確かなことはありません。従って私はこの事実を何と説明したらよいか、独自に考えたいと存じます。科学が知らない事は、まだまだこの宇宙には無尽蔵にありそうですから、科学の方で後から追証明をして貰うことを期待しながら考えます。
　私は三つの仮定を前提にして、この「人と人の相関現象」を、ひとまず説明したいと思います。①「媒体」は存在する、②「想念体」は存在する、③「縁」というものがある。
　既述のFさんを思い出して下さい。自分の腹中の汚れた心のシコリのような固まり。これをFさんは自然音楽セラピーで胸から外へ咳で排出しました。Fさんに限らず、他の人々もヒーリング中に腹 → 胸 → 頭外へと嘔吐で排出させます。この「シコリのような固まり」とは何でしょう？
　Fさんは「ジャガ芋の二、三個分」というような感触でそれを感じていました。また、Fさんは他人の心の中のトラブルやストレスのモヤモヤを、一度自分の中に受け取ると、胸が嘔吐感で苦しくなり、咳が出て気持ちのよくないドロリとした液が出ます。そこでCD『林檎のある森』の特に曲目「落陽」をリピートしてかけると、何かが焼け焦げる嗅いがして、胸がスカッとし、そして相手の人（トラブルやストレスのあった人）もスッキリします。

Fさんは、そこにその人はいないのに、その人が誰であるかが分かります、（だから後から、その人がその頃スカッとしたことを確かめて、自分の感が正しかった事を知るのです）。こういう事が度重るのでFさんは私に報告書をその都度資料として提供してくれています。
　さて、Fさんはその相手を姿を見ないのに、何故その人だと分かるのでしょう。（勘と言えばカンですが）。Fさんは焼け焦げる臭いを、人により、またトラブルの性質により違うと言います。ある時は紙屑が焦げる臭い、セルロイドの焼ける臭い、ゴミが焼かれる臭い等。即ち、人のトラブル（心の中の汚れたシコリの固まり）は人柄と汚れ方がミックスされたあるもの——物体ではない、いわばエーテル様の固まりなのです。それは何物？………それは音楽（「落陽」の一種のエネルギー）で焼ける、そしてエーテル状の臭いを発するもの、（それも余り良い臭いではない）……それは、いったい何？
　さて次に、B.Bさんの体験を述べます。B.Bさんはもともと敏感体質の人です（第2編参照）。次に述べるのは、ごく最近のB.Bさんの自然音楽セラピー体験です。

## 〈B.Bの驚くべき浄化槽体験〉

　鎌倉の自然音楽研究所で、20数名が自然音楽セラピーを受けました。山波が『林檎のある森』CD等をかけて司会を務めました。皆ベッドに寝ころんでCDを約1時間半聞くだけです。
　B.Bの目にハッキリ、寝ている人々の腹から胸にかけて、半透明の円筒状のものがあるのが見えてきました（胸のチャクラ、太陽神経叢チャクラ、丹田のチャクラを含む円筒）。その半透明の円筒の下から（寝ている人の背中

の下側から)、大地の汚染物（灰色のエーテル状の固まり）が入り、円筒の中で本人に同化したようになり、次いで浄化されて円筒の上方から次々と上昇しました。やがて別の灰色や中には濃いグレイ色のやはりエーテル状の固まりが、円筒の下から入り、本人と一時同化すると、やがてキレイになって次々と上昇して行きました。B.Bさんはそれらを寝ている本人と縁のある人の想念体（心のシコリの固まり）や、あるいは既に亡くなった人の想念体のように感じました。また、すべての人の円筒は山波とどこかでつながっていて、想念体が上へ抜けるときはチェックがあるみたいだった。（注、山波本人はそのような事の意識は全くありません）。また、浄化槽の浄化力は人により違っていて、弱い人は他からの助力を受けながらそうしている風だったと。

　もし、これが事実としたら、ヒーリングとは自己のためのセラピーでありながら、大地の、縁ある人々の、（あるいは成仏していない縁者の?）浄化作業でもあるらしい。そんなこと断定は出来ません。しかし、これを当てはめてみると、前記の「人と人との相関現象」が見事に説明（理解）できるのです。私達はセラピーを受ける度に、前述の「半透明の腹から胸にかけてある浄化槽」を使って、大地に人が落として大地に染み込んでいる悪想念（このエーテル的シコリの固まりが、大地から出るグレイの想念体）、及び自分の身内や縁ある知人友人の持っている黒い想念体、また（あるいは未成仏の縁者の想念体）を浄化する助力を続けているのです。但し、誰にでも出来るわけでなく、半透明の浄化槽は胸のチャクラを含んで初めて成立するわけですから、この人は腹部と胸部の間にある壁（エゴイズムから愛への転換のハードル）を越えた人々に限られるわけです。即ち胸のチャクラを開花させた者に限られます。

　自然音楽セラピーで、人間性の進化にヒーリングの重点が置かれるのはこの訳です。皆の浄化、皆の進化、自己の進化に応じつつ、大地と万物と人の浄化進化です。

FさんとB.Bさんの体験を生かしてみると、なぜセラピーで親子、親族、友人にまで及ぶ癒しの効果が出るのか判断できます。但し、これには「媒体」の存在（エーテル質の浄化槽はエーテル体に付いている）、「想念体」の存在、「縁」の存在、このまだ科学で解明されていない前提があることを申し添えておきます。私達は、自然音楽セラピーで起きつつある事実に眼をそむけないで、素朴に真摯に科学が手を付けることを期待します。


## 〈家族も身辺も生活も変わるのは当然〉

　セラピーで本人が変わり、家族も心身が浄化して変化すれば、アンケートの集計にある事が起こるでしょう。〈a．家庭が明るくなった〉、当然のことです。〈b．生活面の改善があった〉、家族の協調と前向きの努力が始まるから、経済面でも上向きや安定が期待できます。〈c．身辺の環境好転した〉、本人が変われば、まわりの知人も同僚も類をもって集まり、なおかつそれらの人々は本人のセラピーを通じても変化改善されますから、自然にまわりが好転します。それに大地の地域浄化も進むようですから、まわりがすべて良くなることは自然の歩みだと考えられます。
　このように何もかも良くなると書けば、あたかも宗教ではないかと勘ぐられますが、これは大自然界の原理です。自立心（自然界の本性）、そこに人が立つ時、心が変化し、身体も変化し、人間そのものが新しくなります。これにつれて周りも改善されれば、万事が調和ある未来に入るのです。

〈心身相関ということ〉

　以上のように、人は自然人（愛の人）になると自己コントロール体（小宇宙）になると共に、人類や大地の浄化槽となります。何と驚いた事ではありませんか。
　これは単に仮空の事ではなくて、事実から行きついた推論の到達点です。その事実とは、最初に記した自然音楽セラピーのアンケート集計結果です。これは音楽が単に一時のリラクゼーションでなく、87％もの心身等の改善者を出していました。そして50例の病気の改善報告があり、しかも現代医学でも困難な病気の改善例が含まれていることでした。これは何故か？（単に音楽を寝て聞くだけで）。次に、62％もの精神改善者の多くは、性格、人柄、人格までもの改善者でした。（音楽が人を変える？）
　以上二つの驚いた事実には必ず原因があるわけですから、何故か？と追求したら、人間転換は腹と胸の間の壁（エゴイズムから愛への人間のハードル）を越えることだと分かりました。この事は人体の内分泌腺コントロールと、また気の流れを自律的にコントロールすることになるので、これが人間の自然治癒力の確立（自立心を持った自然人・小宇宙の成立）だと分かりました。これで集計結果の驚くべき事実の回答が出たわけです。
　これで私達が知り得た事は、「心身は相関」しているという人体の根源的原理の存在です。即ち、精神（自立心・愛）が確立すると、「精神は→身体をコントロールする」という人体の心身相関の図式の成立です。


〈身体も精神をコントロールすること〉

でも、人が「自己中心から愛へ」の壁を越えることは至難事です。人類史は、すべて壁のこちら側での生活史でしたから。でも、ごくごく一部の人が寝て音楽を聞くことで、どうやらそれをしました。何故か？　それはセラピー現象を見れば一目瞭然です。
　初めの頃のヒーリングでは、身体の浄化に次ぐ浄化です。──寒気（毒素排出）、発熱、排痰、下痢、頻尿、発疹等々。そして細胞の活性化、たとえば──温感・熱感（エネルギー流入）、痛み（気の注射、あるいは気の流れの流通）、シビレ（エネルギー電気）、倦さ（細胞休息）等々。
　こうして、身体からの排毒と細胞強化をするのは何故か？　毒素が病的症状を生むからです。それに、毒素のプールがもっと奥（エーテル体）にあって、そこから身体に流れ出しているので、先ず身体でそれを浄化したのです。しかし源流のプール浄化をしないと何にもならないので、セラピーでは、奥の体（エーテル体）までの毒素排泄作業が進みます。これが、磁気的・電気的エネルギーの流入と、それに伴う寒気などの現象です。
　こうして身体とエーテル体の浄化と活性化が進むと、精神が目覚めます。何故かというと、精神の座はもう一つ奥の精妙体にあるらしくて、エーテル体と身体が濁っていると、精神と脳との間のやりとりが、混濁とバランスの狂いが出るからです。エーテル体には内分泌腺と血液の生成と働きを左右する力があるみたいなのです。漢方ではこれを、気（見えない生命エネルギー）、血（血液や内分泌腺など）、水（体液など）と三つに分けて言います。気 → 血 → 水のようにコントロールします。しかし逆に、毒素があると、水 → 血 → 気のように、気の純粋な働きを妨害します。私達は、水・血・気の在所（本拠地）を肉体・エーテル体・精妙体と考えます。即ち、チャクラの本拠地は精妙体にある、そこはまた心の座（意識センター）の在所でもあります。
　このように考えると、人間には媒体（エーテル体、精妙体）が存在し、精神の座は肉体より奥（精妙体）にある、と考えられてきます。従って「心身相関」とは、〈精神が身体を支配コントロール〉するだけでなく、精神の良

い働きのためには〈身体を浄化すれば → 精神も浄化される〉の、逆の心身相関のもう一つの法則が存在します。

　さて、身体とエーテル体の浄化だけで、精神は壁のハードルを越えられません。精神そのものの浄化をしないと。心の座であるということは、精妙体には心の垢が永年にわたり付いているということです。この精妙体の浄化——心の垢の排出が、セラピーでの嘔吐現象などです。こうして自然音楽セラピーでは心の浄化作用が次々と進められます。これが進むと、人は腹と胸の境界を越えて、胸のチャクラ（精神の目）の開花となります。

　これが更に進めば、人は自然人化します（心身の自律コントロール力——自然治癒力を活性化して、小宇宙）となります。

　自然音楽セラピーは上記の過程で進められます。それは「心身相関」の原理の推進と履行です。先ず ①「身体 → 精神」の浄化の第一原理で進め、②「精神浄化」を終え、ハードルを越えて、③「精神 → 身体」の自律コントロールの最終の目的を達します。これは別の見方をすると、① 身体浄化、エーテル体浄化、② 精妙体浄化、③ 精神による精妙体・エーテル体・肉体の支配コントロール、という過程です。これが心身相関原理による人間の小宇宙化（自然音楽「人間療法」）です。

## 〈むすび〉

　自然人は、自律体・小宇宙となるだけでなく、人類浄化槽の役割を始めます。これは単なる推論や想像ではなく、「アンケート集計」結果で見るように、厳然たる〈人と他者との癒しの相関〉現象は事実なのです。この事実に目をそむけなければ、これから人間の内蔵するいろいろな未来が開かれるで

しょう。Fさんは、個人で他者のトラブルやストレスのモヤモヤを引き受けて解消する、個人浄化槽の役を始めました、(但し、自然音楽を使いますが)。また、自然音楽セラピーでは、自然人化した（または自然人化しつつある）人々による、集団浄化槽の現象が起こっています。これが広がると、人類全体の自然人化の方向が見えてきます。人間の進化は止まらないのではないでしょうか。チャクラが全開し一つのハードルを越えると、次のハードルが未だあるかもしれません。小宇宙となった（惑星の彼方に）、無限の宇宙が広がっているのと同じようにですが。

　自然音楽セラピーを始めて、人間の恐ろしさや素晴らしさが垣間見え始めたので、もっと素晴らしい未来を人間と地球の前途に考えてみたくなります。もし、私達が自然音楽という手綱を手放さずに、もっと追求を続けていけばですが。

第四編

# 人間はどこまで進化できるか

# 序

　自然音楽セラピーは「人間療法」です。（人間療法とは、精神の成長と進化、及び身体の自立免疫体質化、この双方が薬を使わないで自然の過程で進行すること）と考えます。単純に音楽を聞き、歌うだけで、この結果が生じるのは、自然音楽が人の精神に深く食い込んで、その目を覚ます（活性化する）こと、心と体がつながり心身相関し合っていること。及び体の奥に心の座所であり、また体をコントロールする見えない体（媒体）がありそうなこと。以上で自然音楽が「人間療法」として成り立っているのだということを申し述べてきました。

　第四編では、どこまで、人間療法の行く手はとどいているのか、つまり、この療法で人間はどこまで成長・進化できるのか。また心身相関しながら、肉体にもどんな変化や自然治癒力の発動が期待できるのか。あるいは、人と人とが見えない深いところでつながっているとすれば（人間相関）、個人の体と心の変化と進化は人類全体に及び、自然音楽セラピーは「人類進化セラピー」ではあるまいか、その可能性まで探ります。

　この目的で、今回、次のアンケート調査をしました。

# アンケート調査

[アンケート調査の時期]
　平成１２年７月２日〜８月１日（１か月間）

[アンケート対象者]
　「リラ自然音楽クラブ」会員で、上記の期間に、鎌倉の自然音楽研究所にヒーリング（自然音楽セラピー）を受けに来た人。（注）上記の期間に数回来た人も１回だけ書いて貰った。

[アンケートの質問事項]

## 〈A面〉ヒーリング中の現象について

あなたは「ヒーリング中」に、次のどれかの現象を体験したことがありますか。あるとすればそれはいつ頃ですか。

### １．腹・胸の現象
　　a．腹部の痛み　　　　b．みずおちの痛み　　　　c．胸の中央部の痛み

### ２．頭部の現象
　　a．ひどい全頭痛　　　b．眉間（額）を押された　　c．後頭部を押された
　　d．後頭部 ↔ 眉間を貫通の痛み　　　e．頭頂に（針刺し）（穴明け）痛
　　f．頭 ↔ 足下に管が通る　　　g．頭の膨張感　　　h．その他頭部異常現象

### ３．a．気分の落ち込み
　　イ．過去の嫌なこと思い浮かべた　　　ロ．自分の欠点思い浮かべた
　　ハ．わけの分からぬ不快感　　　　　　ニ．わけの分からぬ恐怖感
　　ホ．自責の念や後悔の念　　　　　　　ヘ．その他（　　　　　　　　　）

### 　b．気付き（悟り）
　　どんな内容か（　　　　　　　　　　　　　　　　　　　　　）

### ４．上記(2)の頭部の現象が起きているのと併行して、下記の箇所に強い痛み（または引きつり）を感じたことがあるか。
　　a．腰（背骨の下部）　b．太もも　　c．膝　　d．すね
　　e．足（イ．くるぶし、ロ．かかと、ハ．足甲、ニ．足裏、ホ．足指）

### ５．上記の他に書きたい経験があれば何でも書いて下さい。

序

## 〈B面〉自宅で経験したセラピー反応について

あなたは「セラピーを受けた後の反応」として、次のどれかの現象を経験したことがありますか。あるとすればそれはいつ頃ですか。

### 1．浄化現象
　　a．風邪症状（イ 喉痛　ロ 咳と痰　ハ 発熱）　　b．発熱（イ 微熱　ロ 38度　ハ 39度　ニ 40度）　　c．発汗　　d．発疹　　e．頻尿現象　　f．下痢
　　g．嘔吐（または、ひどい嘔吐感）　　h．食品の嗜好変化（何がどのように変化したのか）

### 2．頭部の現象
　　a．ひどい全頭痛　　b．眉間（顔）を押された　　c．後頭部を押された
　　d．後頭部 ↔ 眉間を貫通の痛み　　e．頭頂に（針刺し）（穴明け）痛
　　f．頭 ↔ 足下に管が通る　　g．頭の膨張感　　h．その他頭部異常現象（　　）

### 3．a．気分の落ち込み
　　イ．過去の嫌なこと思い浮かべた　　　ロ、自分の欠点思い浮かべた
　　ハ．わけの分からぬ不快感　　　　　　ニ．わけの分からぬ恐怖感
　　ホ．自責の念や後悔の念　　　ヘ．その他（　　　　　　　　　　　）

### b．気付き（悟り）
　　どんな内容か（　　　　　　　　　　　　　　　　　　　　　　）

### 4．その他
　　a．ひどい疲労感・眠気・あくび現象　　b．目まい（くらくらする）
　　c．一時的なボケ　　d．一時的な視界ボケ
　　e．体を電気が走るシビレ感（イ 全身　ロ 背筋）
　　f．足のケイレン（イ 太もも　ロ スネ　ハ 足裏や指）　　g．音が聞こえる

### 5．相関現象
　　あなたがヒーリングを受けたら、その影響（効果や反応）が家族や友人に及んだ経験がありますか。
　　　それは誰に及びましたか。（a 子供に　b 親に　c 夫に、妻に　d 兄弟に　e 義理の父母に　f その他親族に　g 友人に）
　　　それはどんな影響でしたか。（　　　　　　　　　　　　　　　　　　　　　）

### 6．その他の感想

四．人間はどこまで進化できるか

## 《アンケートの集計と発表について》

[アンケート提出者と、その類別]

　提出者総数　　　１４２　名
　提出者の類別　　（提出者のリラ・ヴォイス発声段階に応じて、次の５段階に類別）

提出者のリラ発声段階類別表

| リラ発声段階（略称） | 人　数 |
|---|---|
| A（未）……リラ発声は未経験 | １０ |
| B（研）……リラ発声研修中 | ９ |
| C（リ）……「リラの響き」発声者 | ８ |
| D（銀）……「銀線リラ」発声者 | １２ |
| E（瞑）……「生命の樹・瞑想リラ」発声者 | １０３ |
| 合　　計 | １４２ |

　（注）リラ発声段階は、ほぼ自然音楽セラピーでの浄化段階に見合っている。

[集計表の掲載について]

　（注）「基本集計表」は、１４２名の個人別集計です。これは余りに詳細煩瑣にすぎるので掲載は省略する。
　（注）本書では、「個人別表」でなく、「リラ段階別表」の方を掲載する。(但し、各人が現象を経験した時期は煩瑣にわたるので省略する)。

**（お断わり）[本書での集計表の取扱い方]**

　「リラ段階別集計表」の、ＡＢＣＤＥの各段階の人数を合計しても、それは単にのべ人数にしかならない（なぜなら、１人で複数の現象を体験した者があり、集計表では経験者数で集計されているから）。そこで、絶対人数（同じ人がその現象をかりに３回体験しても、１人として計算すること）でないと、正確な動きはとらえられない。そこで、これから述べる考察では、下掲の［A面］［B面］の「リラ段階別集計表」と、掲載を省略した「個人別集計表」を元にしながら、別に絶対人数に整理した統計表を提示しながら考察を進めていく。

## [A面] ヒーリング中の現象

| No. | | 項目 | 区分 | | | | | | | | | | 合計 (142) | % |
|---|---|---|---|---|---|---|---|---|---|---|---|---|---|---|
| | | | A/未 (10) | | B/研 (9) | | C/リラ (8) | | D/銀 (12) | | E/瞑 (103) | | | |
| | | | 小計 | % | 小計 | % | 小計 | % | 小計 | % | 小計 | % | | |
| 1 腹胸 | a | 腹部の痛み | 3 | 30.0% | 2 | 22.2% | 0 | 0.0% | 2 | 16.7% | 14 | 13.6% | 21 | 14.8% |
| | b | みずおちの痛み | 1 | 10.0% | 4 | 44.4% | 0 | 0.0% | 2 | 16.7% | 13 | 12.6% | 20 | 14.1% |
| | c | 胸の中央部分の痛み | 1 | 10.0% | 2 | 22.2% | 2 | 25.0% | 2 | 16.7% | 20 | 19.4% | 27 | 19.0% |
| 2 頭部の現象 | a | ひどい全頭痛 | 2 | 20.0% | 3 | 33.3% | 0 | 0.0% | 1 | 8.3% | 15 | 14.6% | 21 | 14.8% |
| | b | 眉間（額）を押された | 0 | 0.0% | 4 | 44.4% | 1 | 12.5% | 3 | 25.0% | 30 | 29.1% | 38 | 26.8% |
| | c | 後頭部を押された | 0 | 0.0% | 6 | 66.7% | 2 | 25.0% | 1 | 8.3% | 22 | 21.4% | 31 | 21.8% |
| | d | 後頭部←→眉間を貫通の痛み | 0 | 0.0% | 0 | 0.0% | 0 | 0.0% | 0 | 0.0% | 7 | 6.8% | 7 | 4.9% |
| | e | 頭頂に（針刺し）（穴開け）痛 | 0 | 0.0% | 0 | 0.0% | 1 | 12.5% | 2 | 16.7% | 19 | 18.4% | 22 | 15.5% |
| | f | 頭←→足下に管が通る | 0 | 0.0% | 2 | 22.2% | 0 | 0.0% | 1 | 8.3% | 8 | 7.8% | 11 | 7.7% |
| | g | 頭の膨張感 | 0 | 0.0% | 2 | 22.2% | 2 | 25.0% | 4 | 33.3% | 17 | 16.5% | 25 | 17.6% |
| | h | その他頭部異常現象 | 2 | 20.0% | 3 | 33.3% | 3 | 37.5% | 4 | 33.3% | 33 | 32.0% | 45 | 31.7% |
| 3 落込み・気付き | a | 気分の落ち込み | | | | | | | | | | | | |
| | | イ 過去の嫌なことを思い浮かべた | 1 | 10.0% | 3 | 33.3% | 1 | 12.5% | 4 | 33.3% | 19 | 18.4% | 28 | 19.7% |
| | | ロ 自分の欠点思い浮かべた | 1 | 10.0% | 2 | 22.2% | 1 | 12.5% | 2 | 16.7% | 21 | 20.4% | 27 | 19.0% |
| | | ハ わけの分からぬ不安感 | 0 | 0.0% | 2 | 22.2% | 2 | 25.0% | 2 | 16.7% | 10 | 9.7% | 16 | 11.3% |
| | | ニ わけの分からぬ恐怖感 | 0 | 0.0% | 1 | 11.1% | 0 | 0.0% | 2 | 16.7% | 6 | 5.8% | 9 | 6.3% |
| | | ホ 自責の念や後悔の念 | 0 | 0.0% | 3 | 33.3% | 3 | 37.5% | 3 | 25.0% | 22 | 21.4% | 31 | 21.8% |
| | | ヘ その他 | 0 | 0.0% | 1 | 11.1% | 0 | 0.0% | 1 | 8.3% | 10 | 9.7% | 12 | 8.5% |
| | b | 気付き（悟り） | 1 | 10.0% | 1 | 11.1% | 1 | 12.5% | 1 | 8.3% | 15 | 14.6% | 19 | 13.4% |
| 4 腰・脚・足 | | 2の現象に併行した強い痛み・引きつり | | | | | | | | | | | | |
| | a | 腰（背骨の下部） | 0 | 0.0% | 3 | 33.3% | 2 | 25.0% | 0 | 0.0% | 14 | 13.6% | 19 | 13.4% |
| | b | 太もも | 0 | 0.0% | 2 | 22.2% | 0 | 0.0% | 1 | 8.3% | 4 | 3.9% | 7 | 4.9% |
| | c | 膝 | 0 | 0.0% | 1 | 11.1% | 0 | 0.0% | 0 | 0.0% | 9 | 8.7% | 10 | 7.0% |
| | d | すね | 0 | 0.0% | 1 | 11.1% | 1 | 12.5% | 0 | 0.0% | 10 | 9.7% | 12 | 8.5% |
| | e | 足 | 1 | 10.0% | 6 | 66.7% | 2 | 25.0% | 3 | 25.0% | 36 | 35.0% | 48 | 33.8% |

## [B面] 自宅で起きた反応

| No. | | 項目 | A/未 (10) | | B/研 (9) | | C/リラ (8) | | D/銀 (12) | | E/瞑 (103) | | 合計 (142) | % |
|---|---|---|---|---|---|---|---|---|---|---|---|---|---|---|
| | | | 小計 | % | 小計 | % | 小計 | % | 小計 | % | 小計 | % | | |
| 1 浄化現象 | a | 風邪症状 | 6 | 60.0% | 5 | 55.6% | 5 | 62.5% | 5 | 41.7% | 66 | 64.1% | 87 | 61.3% |
| | b | 発熱 | 2 | 20.0% | 5 | 55.6% | 4 | 50.0% | 2 | 16.7% | 40 | 38.8% | 53 | 37.3% |
| | c | 発汗 | 3 | 30.0% | 2 | 22.2% | 3 | 7.5% | 2 | 16.7% | 22 | 21.4% | 32 | 22.5% |
| | d | 発疹 | 1 | 10.0% | 3 | 33.3% | 3 | 37.5% | 2 | 16.7% | 21 | 20.4% | 30 | 21.1% |
| | e | 頻尿現象 | 2 | 20.0% | 3 | 33.3% | 1 | 12.5% | 2 | 16.7% | 27 | 26.2% | 35 | 24.6% |
| | f | 下痢 | 4 | 40.0% | 1 | 11.1% | 2 | 25.0% | 4 | 33.3% | 24 | 23.3% | 35 | 24.6% |
| | g | 嘔吐 (または、ひどい嘔吐感) | 0 | 0.0% | 1 | 11.1% | 4 | 50.0% | 5 | 41.7% | 28 | 27.2% | 38 | 26.8% |
| | h | 食品の嗜好変化 | 2 | 20.0% | 3 | 33.3% | 3 | 37.5% | 5 | 41.7% | 35 | 34.0% | 48 | 33.8% |
| 2 頭部の現象 | a | ひどい全頭痛 | 2 | 20.0% | 3 | 33.3% | 4 | 50.0% | 1 | 8.3% | 25 | 24.3% | 35 | 24.6% |
| | b | 眉間(頭)を押された | 0 | 0.0% | 3 | 33.3% | 1 | 12.5% | 1 | 8.3% | 15 | 14.6% | 20 | 14.1% |
| | c | 後頭部を押された | 0 | 0.0% | 2 | 22.2% | 0 | 0.0% | 0 | 0.0% | 10 | 9.7% | 12 | 8.5% |
| | d | 後頭部←→眉間を貫通の痛み | 0 | 0.0% | 1 | 11.1% | 0 | 0.0% | 0 | 0.0% | 6 | 5.8% | 7 | 4.9% |
| | e | 頭頂に (針刺し)(穴開け)痛 | 1 | 10.0% | 2 | 22.2% | 1 | 12.5% | 1 | 8.3% | 18 | 17.5% | 23 | 16.2% |
| | f | 頭←→足下に管が通る | 0 | 0.0% | 1 | 11.1% | 0 | 0.0% | 0 | 0.0% | 5 | 4.9% | 6 | 4.2% |
| | g | 頭の膨張感 | 0 | 0.0% | 2 | 22.2% | 2 | 25.0% | 4 | 33.3% | 20 | 19.4% | 28 | 19.7% |
| | h | その他頭部異常現象 | 2 | 20.0% | 1 | 11.1% | 3 | 37.5% | 2 | 16.7% | 31 | 30.1% | 39 | 27.5% |
| 3 落込み・気付き | a | 気分の落ち込み | | | | | | | | | | | | |
| | | イ 過去の嫌なことを思い浮かべた | 2 | 20.0% | 5 | 55.6% | 4 | 50.0% | 6 | 50.0% | 35 | 34.0% | 52 | 36.6% |
| | | ロ 自分の欠点思い浮かべた | 2 | 20.0% | 5 | 55.6% | 4 | 50.0% | 5 | 41.7% | 36 | 35.0% | 52 | 36.6% |
| | | ハ わけの分からぬ不安感 | 2 | 20.0% | 4 | 44.4% | 5 | 62.5% | 4 | 33.3% | 23 | 22.3% | 38 | 26.8% |
| | | ニ わけの分からぬ恐怖感 | 1 | 10.0% | 3 | 33.3% | 3 | 37.5% | 3 | 25.0% | 11 | 10.7% | 21 | 14.8% |
| | | ホ 自責の念や後悔の念 | 3 | 30.0% | 4 | 44.4% | 5 | 62.5% | 5 | 41.7% | 33 | 32.0% | 50 | 35.2% |
| | | ヘ その他 | 0 | 0.0% | 0 | 0.0% | 5 | 62.5% | 3 | 25.0% | 14 | 13.6% | 22 | 15.5% |
| | b | 気付き (悟り) | 1 | 10.0% | 3 | 33.3% | 0 | 0.0% | 3 | 25.0% | 26 | 25.2% | 33 | 23.2% |
| 4 その他 | a | ひどい疲労感・眠気・あくび現象 | 3 | 30.0% | 5 | 55.6% | 4 | 50.0% | 5 | 41.7% | 61 | 59.2% | 78 | 54.9% |
| | b | 目まい(くらくらする) | 2 | 20.0% | 4 | 44.4% | 3 | 37.5% | 3 | 25.0% | 23 | 22.3% | 35 | 24.6% |
| | c | 一時的なボケ | 1 | 10.0% | 2 | 22.2% | 1 | 12.5% | 2 | 16.7% | 15 | 14.6% | 21 | 14.8% |
| | d | 一時的な視界ボケ | 1 | 10.0% | 2 | 22.2% | 2 | 25.0% | 0 | 0.0% | 9 | 8.7% | 14 | 9.9% |
| | e | 体を電気が走るシビレ感 | 1 | 10.0% | 2 | 22.2% | 1 | 12.5% | 0 | 0.0% | 17 | 16.5% | 21 | 14.8% |
| | f | 足のケイレン | 1 | 10.0% | 1 | 11.1% | 2 | 25.0% | 5 | 41.7% | 31 | 30.1% | 40 | 28.2% |
| | g | 音が聞こえる | 9 | 90.0% | 2 | 22.2% | 2 | 25.0% | 1 | 8.3% | 17 | 16.5% | 31 | 21.8% |
| 5 | | 相関現象 | 1 | 10.0% | 5 | 55.6% | 7 | 87.5% | 4 | 33.3% | 41 | 39.8% | 58 | 40.8% |

四. 人間はどこまで進化できるか

第 1 章

驚くべき精神の浄化現象（心毒の排出）

## 1. 集計表を整理してみるとこうなる

　集計表A面（ヒーリング中の現象）、B面（自宅での反応）のそれぞれ3「落込み・気付き」をご覧下さい。これでは実情が把握しにくいので、整理して絶対人数で示すと［表1］と［表2］のようになります。

[表1]
落込み現象のあった人

| 集計表 類別 | A面 ヒーリング中 | B面 自宅での反応 | A・B両面で 重複体験 | 絶対者数 落込み体験 |
|---|---|---|---|---|
| A (未) | 1 | 3 | 0 | 4 |
| B (研) | 5 | 7 | 5 | 7 |
| C (リ) | 3 | 6 | 3 | 6 |
| D (銀) | 8 | 9 | 8 | 9 |
| E (瞑) | 35 | 59 | 29 | 66 |
| 計 | 52 (37%) | 84 (59%) | 45 (32%) | 92 (65%) |

[表2]
気付き現象のあった人

| 集計表 類別 | A面 ヒーリング中 | B面 自宅での反応 | A・B両面で 重複体験 | 絶対者数 気付き体験 |
|---|---|---|---|---|
| A (未) | 1 | 1 | 1 | 1 |
| B (研) | 1 | 3 | 0 | 4 |
| C (リ) | 1 | 0 | 0 | 1 |
| D (銀) | 1 | 3 | 1 | 3 |
| E (瞑) | 15 | 26 | 11 | 30 |
| 計 | 19 (13%) | 33 (23%) | 13 (9%) | 39 (28%) |

　何と、落込み現象経験者は、A面（ヒーリング中）では52名（アンケート提出者の37％）、B面（自宅での反応）では84人（59％）います。また気付きは、A面では19人（13％）、B面では33人（23％）います。

　ただしA面（ヒーリング中）とB面（自宅での反応）では、同じ人が両方で経験していることもありますから、この重複を勘案して絶対者数を調べると、［表1］では「落込み」経験者は92名（65％）、［表2］では「気付き」経験者は39名（28％）います。

　ウツ病とは限らないのに、なぜ65％の人が落込むのですか。また修行僧でもないのに、一種の悟りである「気付き」を28％の人が体験するのですか。

　「落込み」は心毒（ストレス根や、性格や人間性の欠点）の排出浄化現象です。そして「気付き」は、心毒排出後の精神の進化（英知的な気付き）現

象なのです。

## 2. 音楽でなぜ精神が改善されるのか

　自然音楽セラピーでは、身体の場合も、精神の場合も、排毒浄化が先ず起こります。これが基本現象なのです。これで精神及び身体の浄化が進み、次に自立性の発揮（自然治癒力の発動、精神の進歩）の方向へ歩み出すのです。

　前編を想起して下さい。セラピー（音楽を聞き、歌うだけ）で、心ないし体の改善者は82％も出ていました（[表3] 参照）。そのうち精神の改善者（明るく優しく前向きに進歩）した人は61％もいました。何と人間の人柄や性格が、寝て音楽を聞くだけでこんなに変化するのです。何故でしょう。しかしこれは事実です。これが自然音楽セラピーです。

　今回アンケートでも、131名の人が精神の浄化ないし進化現象を体験しました、（[表1] [表2]、落込み92人＋気付き39人）。それは実に全体の9割以上です。但しこれはのべ人数です。落込みと気付きを両方経験した人が重

**[表3]** 心身改善者 (前回アンケート)
〈全改善者82％〉
- その他 18%
- 精神改善者 40%
- 身体改善者 21%
- 精神と身体改善者 21%
- 身体改善 42%
- 精神改善 61%

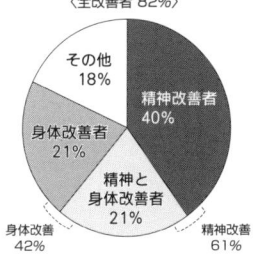

**[表4]** (今回アンケート)
精神の改善現象（落込・気付）体験者
〈全 改善現象体験者68％ (96人) 〉
- なし 32％ (46人)
- 落込現象のみ 40％ (57人)
- 落込現象と気付現象 25％ (35人)
- 気付現象のみ 3％ (4人)
- (全)気付現象体験者 28％ (39人)
- (全)落込現象体験者 65％ (92人)

Chapter 1
驚くべき精神の浄化現象

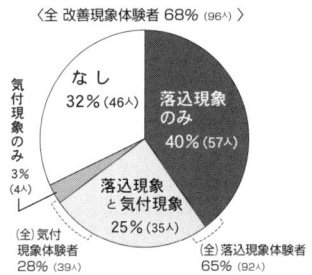

複して数えられていますから。これを絶対人数に整理すると［表4］のようになります。

　これは何と、前回アンケートと符合してくるではありませんか。前回は精神の改善者61％［表3］。今回は精神の全改善現象体験者68％。この68％の中の多数が精神の改善者（人間性の進化、性格の改善者）となるのです。

## 3. 心の浄化の裏にあるのは、体の浄化現象

　なぜ自然音楽セラピーでは、こんなに精神の改善者がつくられてくるのでしょうか。その理由は［B面］集計表の「1. 浄化現象」をご覧下さい。この中に回答が隠されています。

　これは自宅で起きた色々な身体浄化現象です。もちろん鎌倉の研究所でヒーリングを受けたので、家に帰ってからもこんな多種の浄化現象が反応として生起するのです。風邪症状・発熱・発汗・発疹・頻尿・下痢・嘔吐（感）。これらはすべて一時的で自然回復するだけでなく、この現象で全身から排毒（体内老廃物、心毒も合わせて）排出させるのです。だから強力な自然排出現象がこれです。それだけでなく食品の嗜好変化が48人（33.6％）の人に起きているでしょう。これは後で詳しく見ますが、強力な体質改善操作です。これがヒーリングの反応として自然に発生するのです。

　この統計表では全貌がとらえにくいので、身体の浄化反応経験者（絶対者数）を［表5］にし

[表5]
**身体浄化反応**(自宅で)

| 類別 人員 | 経験者 |
|---|---|
| A (未) | 8 |
| B (研) | 7 |
| C (リ) | 6 |
| D (銀) | 8 |
| E (瞑) | 83 |
| 計 | 112(79%) |

て示してみます。

　何と、112名（79％）の人が自宅に帰ってから反応を経験しているのです。つまり自宅でも排毒作用を続けているのです。この数は前回（前編）の統計とほぼ一致するのではありませんか（[表3]を参照）。前回は82％の人が身体ないし精神の改善者となっています。なぜ心身が改善されたか。それは今述べている自宅での反応（身体の浄化現象）があるからです。それだけではありません。今回はアンケート調査をしませんでしたが、ヒーリング中に同じく強力な排毒浄化現象が生起するのです。例えば「寒気」、時には冷水に入ったように、時にはブルッとくる寒気のように、時には波が寄せてまた退くように。これらは強力な体内の毒素（体毒だけでなく心毒も）排出される作用で、殆んど全員が時に応じ体験します。その他、「シビレ感」「温気・熱感」現象など、いろいろな形で幾種かのエネルギーが流入して体細胞の活性化、併せて気の流れを良くして浄化を行います。

　以上のように、ヒーリングと家に帰ってからの反応と、繰返す浄化（体毒排出）作用があって……前回統計（[表3]）によると、身体改善者（疾患が消え、活力気力が湧いた人）42％。精神改善者（明るく優しく気力をもつ人間にレベルアップした人）61％。合せて心身改善者（絶対者数）82％になったのです。何と、音楽を寝て聞くだけでです。これはひとえにこの音楽が（またＣＤに入っているリラの響きが）強力な毒素排出作用を誘発するからではないでしょうか。全くこれと同じく、今回アンケートでも79％（112名）の人が自宅で身体浄化現象を体験しました。但しこれは自宅での反応だけです。もしヒーリング中での身体浄化現象（寒気など）の体験者を合わせたら、身体浄化現象体験者数は79％よりグッとふえるでしょう。

　ここで整理をしましょう。自然音楽セラピーでは、ヒーリング中と、自宅に帰ってからと、両方で身体浄化現象（排毒作用）が79％を越える人々に進行する。これが[表3]で見るように82％の心身の改善者を生む。また今回統計でも68％（96名）の「落込み・気付き」体験者（精神改善現象体験者）

を作り出している。ということは68％の精神改善体験者の背景には79％の自宅での身体浄化現象があるのです。いいえヒーリング中浄化を勘案すると、79％を越える身体浄化現象が大前提にあるのです。これが心身相関ということです。即ち、精神（人格、性向、気分まで）のレベルアップ、即ち人間進化のためには先ず身体浄化がなければならないのです。それも自然排毒、この自然療法でなさねばならないのです。

## 4. 心身相関は、身→心相関であり、心→身相関でもある

　自然排毒は上記で見た「身体排毒」が一つです。もう一つが「心毒排出」です。その方法がこれまで見てきている「落込み」や「気付き」現象です。自然音楽セラピーでは、この身毒排出現象と心毒排出現象が併行して進行します。これが自然音楽セラピーの大前提（基本現象）です。この上に立って、チャクラの開花、内分泌腺の開発などが伴い、人間の進化（精神と肉体の改善進化）が進行いたします。人間は心身の自然排毒という営（いとな）みを失念して、人為的に病気を直す方向に全努力を傾けてきたので、人間の進化がピタリと止まり、薬毒あまつさえ500種もの化学的物質の利用で、逆に体内の毒素を増し、それが精神の毒素を作り（身→心相関）、また（心→身相関）で一層肉体を不健康にしつつ、文明の進歩と裏腹に、病体と心を病む者の数を殖やしてきました。

　「自然」――自然に親しむこと、人体も自然療法、そして基本に自然排毒から始めること、そこから新しい進化の文明が始まります。自然音楽セラピーは、「自然」を音（メロディー）でキャッチしてそれを人類に提供することで、すべての始まりの始まりに役立ちたいと思っています。

さて、本稿では、この始まりの第一歩である身体浄化（排毒）のことを述べました。これと併行する精神排毒についてもう少し記します。

## 5. 落込みとは何か、心の排毒現象

　［A面］［B面］の「3. 落込み・気付き」を見ると、「気分の落込み」現象として、イ～ヘの六つの項目が掲げられています。その中で顕著なのは、イ. 過去の嫌なことを思い浮かべた、ロ. 自分の欠点を思い浮かべた、ホ. 自責の念や後悔の念です。寝てヒーリングをしたり、家で生活している時に、殊更に「過去の嫌なこと」を思い出したり、わざわざ「自分の欠点」をホジクリ出し、そして「自責や後悔の念」で涙を流すのです。これが自然音楽セラピーです。

　ストレスとは抑圧です。嫌な過去、不快な出来事は消してしまいたい。しかし最も心に焼き付く出来事ですから、消えるどころか消そうとすれば一層焼き付けられます。だから忘れようと努力します。これが抑圧（ストレス）です。忘れた筈が、逆に潜在意識に深く刻印してしまいます。これが（潜在意識は人間の本心ですから）、事ある毎に、時にはフッと出てきて人を悩ませます。これがイライラ、不安感、恐怖感。はては人嫌い（対人恐怖）などの神経症を生み、生活全体が影をもつウツ症状になったり、ひどくなれば精神分裂への引き金になります。

　事の始まりは、人が生活の中で、自分に嫌な事、不快なこと、マズイ出来事を経験することから発します。これが思いから消したくて消えないから抑圧する、これがストレスですね。

　事の始まり、火種、潜在意識の中のストレス根を消滅させれば万事ウマク

いきます。しかしそんなにウマク事が運ぶでしょうか。元はと言えば、我が身が招いた不快経験ですから、現実に存在した過去の出来事（事実）を消すことが出来ないのと同じく、潜在意識（その人の本音（ほんね））に刻印された印（しるし）は消えません。でも、消す方法が一つだけあります。

　後悔・自責の念にくれれば消えます。作った原因を反省して白く帳消しにする事ですから。実はもう一つあるのです。過去の体験を「白日にさらす」事です。なぜ、なぜそれで消える？

　例えば、切り傷をして毒を体にとり入れれば、内攻させれば取り返しつかぬ病気にもなります。だが、通常は消毒をして放っておけば自然治癒で直ります。ストレスも同じ原理です。きれいな音楽（いやしの力をもつ 〜 母のツバのような〜消毒力をもつ）音を潜在意識にまで届くようリラックスして聞かせましょう。切り傷は化膿して痛みは伴いますが、白血球の働きで毒はウミとなり、体外に出ると自然治癒します。

　心の古傷も、一度外に「さらし」ます。これをさせるのが自然音楽です。ヒーリング場でも、自宅へ帰ってからの反応でも起こります。これがアンケート回答で一番多い「イ. 過去の嫌なことを思い浮かべる」と「ロ. 自分の欠点を思い浮かべた」です。これだけでも軽い古傷（ストレス）は消えます。「さらす」行為で自然治癒します。少し重い古傷はもう一つの癒しの方法、「ホ. 自責の念や後悔の念」この人間的帳消し癒し行為が、自然音楽セラピーでは自然に生起されて、自然に治癒していきます。

　同じように、「ハ. わけの分からぬ不安感」「ニ. わけの分からぬ恐怖感」も、沢山の小さな不安や恐怖の束、または思い出せない遠い 〜たとえば進化過程にあった過去の生存の恐怖や不安のようなもの 〜 の排出のための「さらし」行為現象とうけ取れます。こうして「さらし」と「後悔」の二つの自然に生起させられる自然治癒現象で、性格や人間性まで矯正させられ、進化へ人は歩み始めます。これが「落込み」現象の正体です。

## 6. 落込みの「ヘ. その他」で拾った言葉

　イ～ホの事項からハミ出た落込み現象が「その他」で、［Ａ面］ヒーリング中に12名、［Ｂ面］自宅での反応として22名、計のべ34名が記しています。その中から言葉を拾ってみましょう。

　その中で、「自殺願望」「早く死にたい」「自分が消えてしまいたい」「深部の自分の一番汚いところが出てきた」など、自己否定的な記述を4人がしています。もちろん、これらの人々はとても今は輝いたようにしておられます。だから強烈な「さらし」現象ですね。

　また「強い不安、イライラ、落込み」とか、「何もかもマイナス気分」「いても立ってもいられない気持」など、わけの分からぬ不安感の表出ですね。もちろん、これらの方々は前に較べてピカピカしています。

　更に、わけの分からぬ恐怖感としては、「こわい夢をよく見た」と繰返し夢で恐い体験をする人。「わけの分からぬ恐怖感にずっと包まれていた」と恐怖に氷り漬けにされ続けていた人。また「ナイフで人が刺される夢を何回か見た」と、同じ恐い情景を繰返し見せつけられる人。

　また、「辛い事が次々と思い出され」と過去の行為を次々イヤというほど見せられる人、「悲しみ、孤独感、辛さ」この身も世もないやるせなさの体感。

　そして、何人もの人達が〈理由なき涙〉を流しています。「何でもないのに声を出して泣き出した」（自宅で）。「夜中に目が覚めて、涙が流れて止まらない事が何度もあった」（自宅で）。またヒーリング中、「なぜか大量の涙が流れつづけた」、「夢の中で泣いていた、理由は分からない」と。これらは理由なき涙です。なぜ、しばしば、大量の涙を人はわけもなく流すのか。こ

れは恐らく、悲しみというより不快潜在意識の中での、懺悔(ざんげ)とか、感動とか、不思議な情念の高まりから出る涙、つまり「さらし」や「後悔」が心の底で進行して、その深いところから自然に湧く涙、つまりいわば魂の進化の涙かもしれません。

その証しかどうかはわかりませんが、こんな記述もあります。「人間の存在、生き物がすべて、何のために誕生したのか分からなくなって、自分は生きているのか死んでいるのかわからなくなった。宙に浮いている状態」と。これは生存の原義への根源的な問いかけを、ヒーリング中にさせられているのですね。そしてある人は「自己憐憫の情」とそれだけ書いています。恐らく、生きることへの問いから、自己存在の罪と罰、それから愛憐のようなものをほのかに感じての感想でしょう。このようにして、「落込み」現象は人を根源から、反省や罪の「さらし」や、そして「改悛」、更に悟り「気付き」へと誘います。

## 7. もっと浄化を、食品の好みが不意に自然に変化

精神の浄化のステップは「気付き」にあるのですが、それは通例(ストレス根をお持ちの方は特に)、「落込み」を繰返しつつ、とどめの「気付き」を受け取って、精神の階段をステップアップという段取りを経ます。ところが「気付き」のステップへは簡単には辿り着けません。人にもよりますが、もっと体の浄化を必要とします。

[B面]の「1. 浄化現象」の「h. 食品の嗜好変化」をご覧下さい。実に48人(34％)の方が嗜好変化を経験しています。人の好みがそんなに単純に変わるものでしょうか。右の[表6]をご覧下さい。実にいろいろな変化が多

くの人に起こっています。それもセラピーを始めて、ある人はすぐ、ある人は一定の浄化段階を経た後ですが、統計はすべてこの３年以内に起こった体験です。それが実に34％の人に生起しているのです。何故？………要するに浄化なくして、精神のレベルアップなし。何といっても、ヒーリングの基本現象は体と心の浄化（排毒）です。折角、体内の毒素を一掃しても、次々食品から毒素を注入されては何にもなりません。ですから、セラピーでは食物からの毒素注入を排除するための、「嗜好変化」が自動的に、多くの人には不意に出現するのです。Ｈさんは初めてセラピーを受けたら、翌日から全く食物の味覚が消えました。驚いて質問してこられました。きっと反応ですから間もなく戻りますよ、と答えたら、案の定、２〜３日で味覚は戻りました。しかし、それから薄味好みになって、Ｈさんが調理する料理は、自分では丁度よい、前と変わってないと思うのに、家族たちは薄味になったと皆が言います。でも家族は馴れてくれたし、それに何とＨさんはそれから菜食嗜好になってしまいました。

[表６] 食品の嗜好変化
48人(34％)の変化体験

| 項目 | | 人数 |
|---|---|---|
| 動物性食品不可 | | 22 |
| 内訳 | 肉も魚も不可 | 15 |
| | 肉は不可 | 7 |
| 甘味類不可 | | 10 |
| 内訳 | 甘味一般不可 | 6 |
| | チョコレート不可 | 4 |
| 添加物食品不可 | | 4 |
| 薄味好みとなる | | 4 |
| コーヒー不可 | | 4 |
| 過食癖消えた | | 2 |
| 乳製品不可 | | 2 |
| 酒類不可 | | 2 |
| 喫煙不可 | | 1 |

(重複体験者あるので) 計51例

　これは早すぎる変化ですが、それに合わせてＨさんの精神や体の変化（浄化現象）が起こり始めています。Ｎさんはずっと喘息の持病があったのですが、セラピーを受けると、一時烈しい下痢症状や発疹がつづき、きれいに喘息の持病も消えました。それと共に嗜好は肉や魚を一切好まなくなりました。Ｎさんはこの体や嗜好の浄化のステップを越えると、今度は精神進化の急坂を登り始めました。次にもう一つ大きな体の大浄化の険しい山場を通り、今は前編で記した他者のための浄化槽の役が出来る器に成長し始めました。

　嗜好変化は、人が進化の過程を通る時、体と心の浄化の一環として、必ず

通過しないといけない条件のようです。口から入る毒素を無くする、それとその人にその時に適した栄養を摂取する、（これはどちらも当然至極大切な事です）。それが何を、いつ、どのように摂取ないし排除したらよいのか。それがセラピー過程で、まさに自動的に自然な形で、時には不意に、少なくも数日間くらいの間でその人を変えてしまうのです。それが自然音楽セラピーです。

こうしてステップを越えた人が、次のステップ、「気付き」など心のバリアを越えるステージにさしかかります。

## 8.「気付き」について

「気付き」はその人が自分の人生の石段をワンステップ上がる時に起きます。

集計表で見ますと、ヒーリング中［A面］では19人、自宅での反応［B面］では33人が経験しています。これを絶対者数で示すと［表7］になります。一人で何度も経験した人もいます。それは晴天のへきれきのように来ることと、誰かからのメッセージを聞くように来る時と、ジックリ光が体にしみ入るように感じ取っていく時と、いろいろです。

大きな悟り「気付き」の時は、チャクラが開いたことを暗示さすような形で来ます。たとえば、B.Bさんは「胸の中央に金の矢ささる痛みと、メッセージ（ことば）があり、全身に愛を

［表7］

「気付き」体験者

| 類別 | 人数 |
|---|---|
| A (未) | 1 |
| B (研) | 4 |
| C (リ) | 1 |
| D (銀) | 3 |
| E (瞑) | 30 |
| 計 | 39 (29%) |

感じる」と記しています。これは、胸の愛のチャクラ開通というよりも、既にこのチャクラは開かれていて、ここを起点に全身のチャクラの開花が始まり、その全チャクラの連関（一体化）が、この金の矢の一刺しで実現して、それで全身が愛を一気にメッセージで受け取るように感じ取ったのでしょう。これは次の段階、体の外にあるチャクラに歩を向けるためのステップです、（これについては後に記します）。

　また、Ｉさんは初めてセラピーを体験した時に、驚天動地の体験をしました。亡父の姿が浮かび、「永遠の生命」と深く魂に刻印を受けたそうです。その時Ｉさんは、亡父が宮沢賢治のようなデクノボーだった事を知りました。父は酒造家で、いくらでも金儲けはできるのに、そちらの計算はそこそこで、読書をしたり、まわりに安らぎを与える生活を守る人でした。それで親戚中からまるでデクノボーのように言われ、疎まれ冷視されていました。しかし、セラピーで光った父の顔が浮かび、なぜか晴天のへきれきのように「永遠の生命」の言葉が閃き、父がその信念に生きぬいた本当の姿が分かったのです。その瞬間に、Ｉさんも「永遠の生命」を悟り、そこから人生のステージが変化を始めました。これはＩさんの胸のチャクラ（エデンの門）の開花です。

　人には「気付き」というものがあり、それは意識センターであるチャクラの開花と、しばしば関連しています。この開花ごとに、人は人生のステップを上のステージへと上げて行きます。それはまたチャクラが内分泌腺のエネルギーセンターであることと呼応しつつ、肉体の自立性（自然治癒力）の発動、助長と対応し、やがて人間の肉体をも合わせた進化への道を上ぼり始めます。

　では、いろいろな気付き（悟り）を、アンケートの言葉の中から拾ってみましょう。

## 9.「気付き」の段階、いろいろな登り方

　「気付き」には段階があることが分かります。その時その時点では、本人にとっては睡眠からの目覚めのように、朝日がパッと目に入る感覚で映って来ます。しかし、それは低位から上位へのチャクラ開花を思わせる、一つ一つが人間レベルアップの階段です。

　人は目ぶたを開ける前に、少時ですが薄明を感じます。まどろみからの転移です。A.「自分は何のために生きてきたのだろう」、B.「自分の影法師ばかり取ろうとしていた」、C.「自分を隠したつもりが、外に出さないと、いつまでも自分が持っているのだ」、でも「落ちこぼれや、ひがみの想いを外へ飛ばさなくてよかった。今、それが胸にガラスのように刺さった」。人は感じ方は違っても、内省し外へ目を向けます。

　それから、D.「まわりばかり気にしていた自分がいた」と気付き、E.「自分のことは早く卒業したいと思った」と前へ向かいます。すると、F.「自然音楽こそ、私の心身を成長させてくれる世界だ」とか、G.「自然への感動が強くなってきた」とか、自然音楽や自然界に耳を向け目を向ける余裕、そして世界の広がりがほうふつと胸に湧きます。中にはH.「太陽の愛はすばらしい」と一気に駆け昇る人もいます。しかし、多くはここから自己中心からの脱皮への動きを体験します。

　I.「肩の力を抜くこと、自然体で生きること」、J.「あるがままの自分を受け入れよう」、自分への許しですね。すると、K.「相手に謝らなくては、自分のことを傷つけたとばかり思っていたあの人、実は、私がそう思うことで逆にその人を傷つけてきたのだ」。他者への許し、他者への思いが胸に湧きます。すると、L.「自分はひとりで生きているのではないのだ」、M.「生きていることの有難さ、すばらしさ、大切さ」が身に染みます。

　そこから、N.「今までどうしても消えなかった恐怖感や嫌悪感が少しずつ薄れていく。どんなにお互い較べ合ったり競い合っても、みんなのいのちは

つながっていると感じた」と、トラウマ（根強いストレスや、心の傷）の離脱が起きます。人生で深く心に刺さった刺(とげ)は自分では抜けません。自分の傷を外気に「さらす」こと、つまり「落込み」現象の繰返す経験で、体内の毒素を自然（たとえば太陽のような自然界の消毒光～自然音楽）に当て、体中の薬（白血球）の発動を待って、ウミにして傷口から毒を排出させること。そして人は魂（進化しつづける精神）を持つ者ですから、魂の気付き（精神の進化への階段）を着実に一段ずつ登ること、この二つの行為によってトラウマ（心の傷）の刺(とげ)は抜けます。これがトラウマ「巻戻し法」の極意です。自然音楽セラピーでは、この二つが自然に（寝て音楽を聞き、自(おの)ら「落込み」を体験し、そして「気付き」も自然に湧く悟りで身に刻んで行く）、この妙法で実現されます。それは自然界のエネルギー（自然音楽）の中に、ヒト（本来は自然界の一部）を本来の「人（自然人）」に戻すすべてのカラクリ（法則）があるからです。**自然が自然を自然に返す。**

　そして、人は、O.「過去にとらわれず、前向きに生きること」と、P.「起こることすべてをプラスとして受けとめよう」と前方へだけ目を向け始めます。目を覚ましハッキリと黎明を見た瞬間です。自己中からの脱皮です。こうして自然音楽セラピーでは、「明るく優しく前向き志向」の人々が続々とつくられます。今回の「気付き」調査でも、「前向きに生きよう」「勇気と責任感をもって生きよう」という気付きの言葉が幾つも書かれていました。

　そして、前進が一歩進められます。Q.「本当の愛とは何か、折にふれ考えるようになった」、R.「至純の愛というものを感じた。それは魂のふる里、ずっと知っていてずっと求めていたもの」。そして、S.「世界の泣いている人が見えてくる」とか、T.「地球の痛みを体で実感した。ずっと地球は我慢をしてくれていた」。そうすると色々な事が英知の断片のように人の脳に閃きます。U.「ヒーリング中、夢を見ました。とてつもない広い場所に幾つもの玉子型の細胞があり、その中の一つが確かに自分。その時ハッキリ分かりました。それは地球の細胞の一つなのだと」。V.「私は宇宙の中の点。その小さ

な点を今までは濃くすることばかり考えていた。でも自分以外の事を考えて生きることがどんなに素晴らしく大きいことか。私は光を通す管、それが私の生きる道、どれほど多くの光を通せるか、それは終わりのない道」と。

　色々な人によって違った愛のとらえ方はあります。たとえば、W.「両親の無条件の愛を知った。そうしたら幼児期からのトラウマから離脱した。すると、私がどんなに落ちても受けとめてくれる大きな手（愛）を知り、安心立命を感じた」。大いなるものへの愛にこの人は行き着きました。宗教などではなく、(信仰のつまづきとか、ドグマとか、カルマとか、おかげも信心もとらわれの苦労もなく)、人は自然音楽セラピーで、眠って音楽を聞いたり、歌ったり、自宅で職場で家事や仕事の合間に、大きな悟り（魂の確信、意識の開花）を体験するのです。これがチャクラの階段を登ること（意識センターの開花）。そうして、これがエネルギーセンター（肉体開花の内分泌腺の成長進化）を、踊る時の両足のステップのように踏みしめながら、心身の浄化へ、開花へ、進化へとすすみます。

# 第2章

## 人間の進化はどこまで続くか

## 1. 音楽が魂をいやすとは何か

　古代エジプトでは4500年前に、音楽は「魂の薬」と言って、音楽を病気の治療に使っていました。まさにその通りです。[表3]で見ましたように、自然音楽セラピーで、42％の人が体を癒されまして（体の病的疾患が改善され、活力をもつ体に変わりました）、また61％の人が心を癒され（心の疾患が消え、明るく前向きの人柄に変わりました）。まさに音楽は「魂の薬」です。魂は心と体の二つを合わせもつものです。ですから自然音楽は体と心の二つに（魂にまで）とどく音楽です。この事を前編（第3編）では「心身相関の原理」として説明してきました。
　即ち、① 自然音楽で体の浄化がおこる、② 体の浄化は心の浄化を伴い、③ 心の浄化は上位のチャクラ（胸のチャクラ）の開花を促し、④この事が体の内分泌腺の開花を促進し、体全体の改善を導く。これが「音楽は魂の薬」ということです。そして自然音楽はまさしくこの原理を現実に実現いたしています。
　さて、魂は前章で見たように、トラウマ（ストレス根など）を消し、気付き（悟り）に到達いたします。こうして、次々とトラウマ退治が進んで、心身がキレイになっていきますと、魂（体と心を合わせもつもの）は、更に次の段階に踏み入ります。それは魂が（本人そのものが）体の外へ拡大を始めるのです。人の体には7つのチャクラがありますが、実はこの7つが開花すると、もっと外の（体外にある）チャクラの開花へと進みます。人は実は肉体をこえたエネルギー体であるようです（この事は順を追って述べれば、分かって頂けると思います）。その体外チャクラの開花へ向かって、自然音楽セラピーの順序が進んで参ります。さて、その前に、段々順を追って準備段階があって、たとえば脳内の内分泌腺の総元締・脳下垂体や松果体の成長を刺戟することがあるようです。
　この時、頭痛や脳の膨張その他の変化が生じます。これが体外にある高位

チャクラとの関係を開き、その発芽（開花）に至らせます。（体外にチャクラがあるのは、見えない媒体が体外に張り出しているからとしか考えられません）。この事が自然音楽セラピーでは事実として起こっています。

　人は体を越えてカラダを進化させるヒトです。魂とは、体の外に張り出しているエネルギー（体を動かす力）コントロール物であり、また高位精神の発現体です。なぜなら、ここまで（魂を現すまで）人が進化すると、人の精神は更に高位へと進化をたどり、体も進化（あるいは遺伝子構造の変化を起こさせる）へのコースを辿るのではないかと考えられるからです。まだ始まったばかりの自然音楽セラピーなので、それ以上の断定は何も出来ませんが、そのコースが見え隠れします。では脳の変化あたりから見ていきます。

## 2. 自然音楽セラピーが進むと、脳が変化する

　では、集計表［A面］［B面］のそれぞれの2「頭部の現象」を見て下さい。頭のいろいろな箇所の痛み現象が、ヒーリング中にも、自宅へ帰ってからの反応でも沢山起こっているでしょう。

　何人の人に起こったか、絶対人数表で整理して見てみましょう。［表8］でご覧下さい。ヒーリング中に83人、自宅反応でも83人の人が起こっていますね。両方で起こっている人もいますから、結局、何人の人が脳の痛み現象を体験したかと

［表8］
「頭部の現象」体験者①

| 類別 人数 | ヒーリング中 | 自宅での反応 |
|---|---|---|
| A（未） | 3 | 4 |
| B（研） | 6 | 7 |
| C（リ） | 4 | 5 |
| D（銀） | 8 | 6 |
| E（瞑） | 62 | 61 |
| 計 | 83(58%) | 83(58%) |

いうと、[表9]を見て下さい。106人ですね。実に75％もの人です。

　なぜ、頭に痛みが起こり、変化が起こるのか。それはセラピーでウツ（ストレス）が消え、気付き（心の進化）が始まったからです。心の変化が脳に変化を及ぼすのです。ちなみに「痛み」とは自然音楽セラピーでは、癒しのための気の流れが盛んになると、その箇所で痛みとして感じられるものです。つまり、心の変化で脳のある箇所の気の流れが急に盛んになった（脳のある箇所の成長ないし変化を進めるための気の流れがその箇所で始まった）ということです。では、どの脳の部位でしょうか。

[表9]
「頭部の現象」体験者②

| 類別 \ 人数 | ヒーリング中か、自宅か、とにかく体験者 |
|---|---|
| A（未） | 5 |
| B（研） | 8 |
| C（リ） | 5 |
| D（銀） | 10 |
| E（瞑） | 78 |
| 計 | 106（75％） |

　[表10]をご覧下さい。これが痛みや変化が起こっている箇所です。（ちなみに痛みといっても、ヒーリング中だけ、ないし自宅での一時的な現象で、すぐ消えます）。これを繰返しつつ、脳のある箇所が刺戟され、ある部分の成長が始まります。たとえば「ひどい全頭痛」45人（32％もいる）、これは心の進化が脳に変化を及ぼし始めた時起こります。また「眉間押し」41人（29％）、これは松果体の成長を刺戟される時感じます。同じく「後頭部押し」30（21％）、これは脳下垂体の成長を刺戟される時です。

　しかし、このような脳内変化（頭の痛み）は、誰にでもすぐ起こるわけでなく、〈注；脳神経とかかわる疾患が元々ある人には、体の浄化現象として早くから起こることがあります〉、これらの人々を除いて、原則として頭部の痛み現象は、心の変化（進化）が一定の段階に達すると起こります。その進化とは、胸チャクラの開花です。つまり、その人が愛の人（自己中心から愛へ生き方を変化させること）への転換、これです。その人のチャクラの主導権が、

下位チャクラ（みずおちから下の、自己中心の動物的生存本能チャクラ）から、上位の胸チャクラ（他者への愛）へ主導権が転換することから始まります。

　この人生の大転換のためには、腹と胸の間にある関門（壁）を越えなければなりません。前章でも述べました、細いジグザグのチャクラからチャクラへの「壁」ルートを越える試みに人はいどまなければなりません。自然音楽セラピーの場合は、それは脱トラウマとか、ストレス束越えとか、人間的気付き（大きな悟り）現象とか、人によって違いますが、どれも難所ルート越えの苦しみを経ます。その格好の実験例があるので、それを紹介します。

**[表10]** いろいろな「頭部の現象」体験者（ヒーリング中）（自宅での反応）

| 現象 \ 類別・人数 | A(未) | B(研) | C(リ) | D(銀) | E(瞑) | 計 |
|---|---|---|---|---|---|---|
| a. ひどい全頭痛 | 3 | 4 | 4 | 2 | 32 | 45 (32%) |
| b. 眉間押し | 0 | 4 | 1 | 2 | 34 | 41 (29%) |
| c. 後頭部押し | 0 | 6 | 2 | 0 | 22 | 30 (21%) |
| d. 後頭 ←→ 眉間貫通 | 0 | 1 | 0 | 0 | 8 | 9 ( 6%) |
| e. 頭頂（釘刺し） | 1 | 2 | 1 | 2 | 26 | 32 (23%) |
| f. 頭 → 足の管 | 0 | 2 | 0 | 1 | 12 | 15 (11%) |
| g. 頭の膨張感 | 0 | 3 | 4 | 5 | 23 | 35 (25%) |
| h. その他（　　） | 3 | 3 | 4 | 5 | 47 | 62 (44%) |

## 3. 東田医師の実験例、胸の壁越え

　「自然音楽療法研究センター」の機関誌第2号に東田武医師の貴重な実験例が報告されています。

　音楽家の女性（25歳）が自然音楽に関心を示したので、何回かヒーリングを体験して貰いました。この女性は感受性が強いのか、自然音楽CDをかけると、すぐ眠る（一種のトランス）状態に入ります。但しこの状態で会話が可能なので、東田医師の質問に答えつつセラピーの進行状態を伝えてくれます。

　それによると、おおむね二種のエネルギーが入ります。一つは、左手のシビレと共に頭頂から金色の熱い光のようなものが流入、心臓の裏で何か熱いものと合しつつ背骨を下だり尾骨に達すると全身に散ります。もう一つは、足裏から緑色のモヤのようなエネルギー（中心に一本の筋がある）が入り、下腹部に来ると、何かそこにある嫌なモヤモヤを包んで頭上へ押し上げます。

　但し、みぞおちの通路は急に狭く、通る時は凄い抵抗感があって押し上げます。この時苦悶の表情を示し、（本人には、過去の辛い記憶の断片が映画のシーンのように蘇り）、この時、嘔吐するように辛い記憶をきまって泣きながら語ります。

　これで嘔吐排出は終了ですが、緑の筋の方は頭頂から出て行き、緑のモヤは嫌なものと一緒に後頭部から蒸発する。後はスッキリし、腹の中は空っぽになった感じがします。

　何と見事な実験ではありませんか。働くエネルギーと、腹中にあるウツの固まりと、胸と腹の境にある難所の「壁」ルートの細い道の所在を見事に描いています。それだけでなく、この難所越えが、「巻戻し法」（辛い過去のフィルムの再現＝一時的な〈落込み〉）と、「嘔吐」（過去を吐き出す苦しみ）とで通り抜けること。もう一つ、光（緑の筋）の方は頭頂から抜け、モヤモヤ（腹中の邪気）は後頭部から放出されること。この二つの口の存在と、そ

の仕分けを示したことはとても重要なことです。これについては後に述べます。

さて、次に東田氏は実験後のセラピー効果についても明示しています。以後、この女性の演奏は、人々から「突然、演奏から受ける印象が変わった」と評され、本人も無意識状態で演奏するようになったこと。直観力が鋭くなった。植物への親しみが増し同じ生命と感じるようになった。体調が非常に良い、肌がキメ細かく白く美しくなったこと。

まさに、心身の浄化、そして精神における直観力のアップ、演奏能力のアップ。そして人柄が一層やさしく変わった。「人間セラピー」自然音楽療法の特色をよく教えてくれています。

## 4. 自然音楽セラピーの三大特色

最初の特色は、「身体の浄化現象」です。セラピー体験者の実に79％がそれを体験しています。（[表5] 参照）。それ故に42％の身体改善者と、61％の精神改善者を生んでいます（[表3]）。自然音楽セラピーの身体浄化現象とは心身の改善をもたらす体質改善（心身の毒素排出）作業なのです。ここに大きな特色があります。単なる一時的リラクゼーションではありません。また肉体の症状を癒す対象療法ではありません。体質の改善なのです。それも体だけでなく心の体質をも改善する ── 体と心の排毒をして、体と心に自立性（自然治癒力）を生み出させる人間的改善セラピーなのです。

この体質改善作業は、集計表 [B面] の1でお分かりの通り、a〜hの8種類の形で進行します。その基本は殆どの人々に起こる風邪症状です。これは繰返し何度も起こる人がいますが、病気の風邪でなく、浄化の基本症状

なのです。一度風邪症状を体験すると、その人の体質だけでなく精神のランク（段階）も一段階アップするという、それ程の意義をもった基本浄化現象です。[B面]の集計でも実に61％の人が体験しています。

　さて、こうして心身排毒浄化された人が、次に獲得する自然音楽セラピーの特色とは、61％の「精神の改善」です。それは〈明るく優しく生きる気力をもつ人柄〉への人間改善です。この人柄・性格、人間性（人格）にかかわる改善は自然音楽療法の、他に類を見ない特色ではないでしょうか。西洋医学では速やかに適確に身体症状の治癒へ導く特色があります。東洋医学（なかんずく中国医学）には、体質までも改善しつつ症状も癒せるという良い特色があります。しかし人間改善には手が出ない（中々むずかしい）とされます。だから儒教などで別に人間改善の方法が盛んになっています。

　しかし、自然音楽セラピーでは、61％の人間的改善者が出るのです。それは基本の身体の浄化現象が心身の浄化まで含む作業であることもその一つですが、何といってもストレスやトラウマ退治（「落込み」と「気付き」現象）が、このセラピーの中では頻繁に起こることです。[表4]で見たように68％の人々がこの体験者です。

　前項で見たように、ストレス・トラウマ退治は「巻戻し法」と「嘔吐」を基本に進行します。巻戻し（辛い過去のフィルムの再現 —— 一時的〈落込み〉）です。嘔吐（過去を吐き出す苦しみ）です。これを大なり小なり多数の人々が体験しています。

　たとえば新しい例では、Y.Nさんは今回のアンケート調査で、次のような感想を記しています。「25年くらい前からある頭の中のコリが徐々にほぐれ始め、それによってトラウマとなっていたものが少しずつ表面化し、消えていきました。今、ようやくそのトラウマの一番深いものが出始めたようです。頭のコリの解消は本当に時間のかかることですが、自然音楽療法のおかげで早くここまでこれたと思っています。」

　上記は7月に記されたものですがその前、4月と5月のヒーリングの後で

次のように話しています。トラウマ巻戻しの過程が見えるようです。

## 4月28日　ヒーリング

　数日前こわい夢を見ました、子供の頃の事です。それから昨夜、急に発熱し、すごい発汗がありました。(注；いわゆる一種の風邪症状。そしてヒーリングを受ける前の反応「免徐」現象です。夢でトラウマを浮き出させ、発熱発汗で心身浄化を進め、この準備で根深いトラウマをヒーリングで消すためです)。

　今朝 (4/28 ヒーリング日) は熱は8度くらいありましたが、ヒーリングで消えました。ヒーリング中に子供の頃の辛い夢が出ました。昔のトラウマが出たみたい。辛い恐怖感いっぱい、蠍(きそり)の火が空を飛ぶとか緊張感いっぱいの夢です。そのとき後頭部がキーンと痛んでいました。後頭部の痛みはこの頃「ハープ銀河鉄道」でヒーリングすると、時々やはり痛んでいました。今ヒーリング終わって気分は落ち着きました。後頭部の痛みはありません。

## 5月12日　ヒーリング

　実は、5月3日のコンサートに出席した後からムカムカ吐き気で気持ち悪くなりました、(注；ムカムカ嘔吐感は、腹中にあるトラウマを外に出そうとする働きです。自然音楽のライブコンサートは高いヒーリング効果があります)。そのとき『リラ自然音楽』5月号の記事〈心身相関〉というのを見て、それから自分の嫌なところ、今までフタをして隠していた所を受け入れられる気持になりました、(「気付き」現象の発生です)。今までは夢とかで「イヤなもの早く出なさい」とはげましていました、自分が心身共に楽になりたいから。でも少しずつしか出なくて。でも自分を受け入れる気持になったら、ムカムカの体の苦しみも心の中のものを出す働きだと許す気持になったら ……… 今日のヒーリングで本当にスッキリしました。心身共にスッキリ元気になりました。

これらの体験で Y.N さんは始めに述べたアンケートの感想を記したのです。
　トラウマ退治が自然音楽セラピーの特色だということお分かりでしょうか。「巻戻し」と「嘔吐」で、西洋医学でも東洋医学でも難しい、トラウマ退治、そして人間性の改善と進行するのです。
　では、この「人間性改善」の特色はトラウマを出したら終わるのか？　いいえ、そこがまだスタート点です。ここから、人間が想像しなかった、人間の可能性へ向かって限りない翼を拡げます。現実の人間性「性悪」から、人間本来の性質である「性善」へ、一歩、二歩、三歩の巨歩を進めます。この比類ない進化、精神性の進化（心身相関ですから）、そして身体の進化、それへと進みます。なぜ、なぜそんな事が言えるのか。
　それは、集計表［A、B面］の「2. 頭部の現象」が、いかに頻繁に行われているか、実に75％の人が現象として経験しています（[表9] 参照）。この奇妙な、何のため、何故、おびただしい頭部現象が存在し生起する、この中に秘密が隠されています。
　次の項で、自然音楽セラピーの第三の特色、そして最大の特色は「人間の心身の進化」である、それは頭部の現象を通じて進行させられる、という点について記します。

## 5. 脳下垂体と松果体の成長が、なぜ大切なのか

　人間の心身の進化（現在の人間の状態から、新しいものへの変化）が、どのような段階を追って進むか、これから述べます。そのポイントは脳内（特に脳下垂体と松果体）の成長と変化（進化）です。簡単に言うと、この二つ

が大きくなる、そうすると心身の能力がアップし、身体の若返りと長命化、ひいては永生化へと向かい、精神は新しい人類化（超脱した英知と善性をもつヒト）へ向かうということです。何とバカな？　と百人が百人言われましょうが、現にそれが自然音楽セラピーで起こりつつあるのです。

　それの変化の順序は、①脱トラウマを経て胸のチャクラの開花（全身のチャクラの主導権が胸チャクラに移ること）。②上位チャクラ（喉、眉間、頭頂チャクラ）の開花と、全身のチャクラの一体化。③人体の外にあるチャクラの開花（それによって宇宙のエネルギーと人体がつながること、即ち人間の宇宙化の実現）です。

　何をバカな、精神世界的な妄言をと言われましょうが、それが現に自然音楽セラピーで人体に起こりつつある現実なのです。それを統計資料と現実の変化体験資料とでお伝えします。

　ポイントとなるのは、繰返しますが、頭内の脳下垂体と松果体の成長進化です。もう一度資料を見ましょう［表10］。「眉間を押された」41人（29％）（これは松果体の成長を促す作業・現象です）。「後頭部を押された」30人（21％）（これは脳下垂体の成長を促す作業・現象です）。これで人は身体が進化します（二つとも重要な内分泌腺器管ですから）。ま

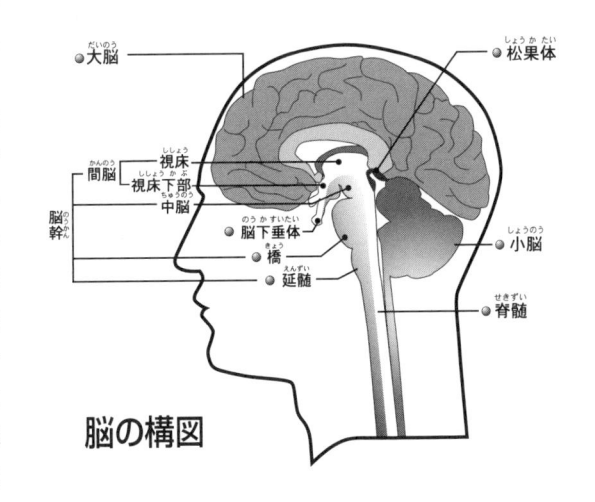

脳の構図

たこれで人は精神が進化します（二つ共に高位の意識センター・チャクラですから）。でも、なぜこの二つが、心身の超人化のキーポイントになっているのでしょうか？

その秘義（科学がまだ知らない真理）は、東田武医師のセラピー実験が、事実として、繰返し検証しています。思い出して下さい、25歳音楽家女性の実験です。あのトラウマ克服の瞬間を、東田氏のレポートの言葉で転記します。

「その時に過去の辛い記憶の断片が（ちょうど映画のシーンのように）ほんの一瞬だが鮮明に蘇る。」……「この時決まって泣いたり苦しい表情となり、突如吐き出すように辛い記憶を語り出す。」……「次に気が付くと緑の筋はすでに眉間のところに来ていて、そのあと真っ直ぐ上昇して頭頂の金色の光？が入ってきた場所と同じところからスーッと出て行く。一方緑のもやの方は嫌な感情と一緒になって後頭部から蒸発するように出て行く。」（注；下線は筆者（山波）が付けました）

なぜ、緑の筋は頭頂から抜け、緑のモヤは後頭部から出されたか。この仕分けがキーポイントです。緑の筋は足裏から入ったエネルギーの芯（光）の部分。緑のモヤはエネルギーのいわば外殻で、腹中のストレス根（汚いもの）を包む役もできる、ある種の低位エネルギー。（そして、今は汚いものを包み、汚いものとなっているもの）。そこで出口が二つに分けられます。光は頭頂の光専門出入り口から。モヤは後頭部の排出口から。即ちトラウマは腹中にあり、みぞおちの細い通路を通って頭から抜けます。なぜなら、ここに光と汚物とを仕分ける審問所があるからです。審問所の役割りをしているのが脳下垂体です。

光は、松果体（光の門がある最高位チャクラ）を通って、頭頂から抜けます。これは光の自然の道で、審問所（脳下垂体）フリーパスです。ですから、東田氏レポートでは「気が付くと緑の筋はすでに眉間のところに来ていて」となっています。眉間の奥に松果体があり、その真っ直ぐ上に頭頂の光の出

入孔があります。

　だが、緑のモヤは、この松果体に入る一歩手前の脳下垂体で審問査定を受けます。内に汚いモヤモヤを持っているので、上の松果体（光の門）を通ることを許されず、後頭部の放出孔から放散させられます。

　なぜ仕分けが、また、なぜ脳下垂体がこの任（役割り）を負っているのでしょうか。厳密に、光と汚物はさながら天と地にそれぞれの安住の地を得るよう仕分けられ、出口も人体で別になっています。（人体も一個の宇宙組織ですから）。

　脳下垂体は、人体では全身のすべての内分泌腺の働きの総司令塔です。これは生理学的に、下位の（喉、みずおち、臍下、尾てい）のチャクラに対応する内分泌腺（甲状腺、膵臓、性腺、副腎）などに、必要に応じてホルモン分泌を促す司令ホルモンを分泌します。即ち人体のバランスを保つコントロールセンター、また管理責任者です。ですから、トラウマ排出物も管理して、フリーパスの光は別として、光でないものは決して上方の「光の門」（松果体）を通さず、後頭部出口から抜けさせます。

　このように、仕掛けが人体にあるので、トラウマは遺憾なく処理できるだけでなく、光は人体を埋めつくすほどにも可能に、フリーパスして、頭頂←→足裏間を貫いて、全身を光に変えるコースが人体にあるのです。

　以上のように人体は作られているので、二つの関門、白と黒の識別査問の場「脳下垂体」と、光の天上への門「松果体」の二つが、成長と進化を遂げれば、遂げる程、人は黒いものを排して、光だけに変われる構成物、夢の進化体なのです。ですから自然音楽セラピーでは、脳下垂体と松果体の二つを中心にして、脳内進化を促進させます。

## 6. 脳下垂体と松果体が進化させられる段階、三つ

　もう一度［表10］を眺めてみましょう。このa～hに及ぶ8種の頭部現象の数の多さは只事ではありません。頭部疾患が必ずしもあるわけではないのに、この数の多さです。中でも「h．その他」は62名（44％）になっています。これはa～gの枠に入らない頭部痛などです。たとえば「b．眉間押し」に入らない眉間痛とか眉間が締めつけられたとか。また「c．後頭部押し」に入らない後頭部痛とか。そこでこの「h．その他」をこころみに操作された頭部の部位に割り当てて、［表10］の横に並べて併記してみたら、［表11］のようになりました。

［表10］「頭部の現象」

| 現象＼類別・人数 | A(未) | B(研) | C(リ) | D(銀) | E(瞑) | 計 |
|---|---|---|---|---|---|---|
| a．ひどい全頭痛 | 3 | 4 | 4 | 2 | 32 | 45 (32%) |
| b．眉間押し | 0 | 4 | 1 | 2 | 34 | 41 (29%) |
| c．後頭部押し | 0 | 6 | 2 | 0 | 22 | 30 (21%) |
| d．後頭 ⟷ 眉間貫通 | 0 | 1 | 0 | 0 | 8 | 9 (6%) |
| e．頭頂（釘刺し） | 1 | 2 | 1 | 2 | 26 | 32 (23%) |
| f．頭 → 足の管 | 0 | 2 | 0 | 1 | 12 | 15 (11%) |
| g．頭の膨張感 | 0 | 3 | 4 | 5 | 23 | 35 (25%) |
| h．その他（　　） | 3 | 3 | 4 | 5 | 47 | 62 (44%) |

［表11］「その他の頭部の現象」

| 部位 | 人数 | ［表10］と合計 |
|---|---|---|
| 全 頭 | 7 | 52 (37%) |
| 眉 間 | 7 | 48 (34%) |
| 後 頭 | 9 | 39 (27%) |
| 頭 頂 | 10 | 42 (30%) |

| 部位 | 人数 | |
|---|---|---|
| コメカミ | 9 | |
| 左 頭 | 6 | |
| 右 頭 | 2 | |
| 頭の中 | 4 | |
| 頭の上 | 1 | |
| 歯 | 5 | |
| 耳 | 3 | |
| 鼻 | 1 | |
| 手 術 | 2 | |
| 音 | 3 | |

（注）以上 計69例を62名が体験

これを見ても分かるとおり、「全頭」計52人（37％）、「眉間」計48人（34％）、「後頭部」計39人（27％）と、それぞれ多いですね。要するに、脳下垂体と松果体の成長・進化が軸になって頭部現象は起こっているのです。コメカミとか、歯、耳などもありますが、これらも頭の浄化や進化と何らかのかかわりのあるものです。今回は詳細は記しません。すべて、すべて脳下垂体や松果体の成長と結び付くものと考えて下さい。

　では、これから自然音楽セラピーによる人間進化の歩みを見ていきましょう。これは次の段階をたどります。[セラピー初期] セラピーを受け始めると誰にも起こる心身浄化と改善。[準備段階] これは人間進化のための予備門です。トラウマ退治や気付きも起こり、それを通じて精神の大切さ（価値）を知った人は次の門に入ります。[進化の第一段階] ここでライフスタイルを自己中心から愛に切り替えるかどうかの決断を迫られます。この関門をくぐれば、胸チャクラが開花し、晴れて人間進化（超人化）の段階を踏み始めます。[進化の第二段階] ここでは脳内変化（松果体と脳下垂体の成長）が進行し、全身チャクラの開花へ向かって歩んで行きます。[進化の第三段階] ここでは体外チャクラの開花が蠢動（しゅんどう）します。うまくいけば、マカバ人（人体が超脱したエネルギー体化した人）の段階に手をかけます。では、順を追って辿ってみましょう。

## セラピー初期

　[表10] で、「全頭痛」の数が最も多いのは、セラピーを受け始めると体と心の浄化現象が始まりますが、この初期から、頭部開発の操作が始められるからです。しかし、明確な脳下垂体や松果体の開発に着手されるのはその後です。

## 準備段階

　ここは、人が〈精神化〉の段階に踏み入る時です。心身の浄化が進み、トラウマなどの退治もある程度進むと、人は〈精神化〉の魂の領域に手を掛けます。即ち、刹那的・物質的執着の域から離れかけます。そして精神の価値に気付き始めます。それは自己中心から他者へ目が向けられる時、自己中心主義への反省、目覚めかけの時です。これは人体のチャクラ主導権が腹部から、胸チャクラへ移ろうかとする、（胸チャクラ開花のための）準備段階です。

　ですから、これは胸部の痛み現象と関係することが多いのです。集計表［A面］の「1.腹胸」をご覧下さい。腹部やみずおち痛は、頑固なトラウマやストレス根がみずおちの細い道を通り抜ける時、経験する人がいます。胸痛は胸チャクラが開かれる準備です。スンナリ開かれる人もあるが、中には胸痛その他でハッキリ意識しながら開かれます。たとえば、

A面　「1.腹 胸」

| a.腹部の痛み | 21 (15%) |
|---|---|
| b.みずおちの痛み | 20 (14%) |
| c.胸の中央部の痛み | 27 (19%) |

### K.Yさんの例

　今年の「5月14日のCDコンサートの時、2〜3重？の窓が胸のまん中でパカッと開いた」。5月24日のヒーリングでは、「両足裏と左親指先からエネルギーが入り、両腕がフル充電されたみたいで、それがザァッと肩の方へ流れ、胸中は堤防を切って流れ込む激流のようになり、心臓がドキドキした」。

　それ以前の状況としては、「発疹や嘔吐感、むくみ、下痢、肩こりなど、以前はあたり前のように頻繁にあったが、いつの間にか軽くなったり、忘れられていた」。

これは体や心の盛んな浄化の「初期」状況のことを語っています。

そして、「気付き」もありました。「落ちこぼれ感、ひがみの思いを外へ向かって飛ばさないようにしていたら、(ヒーリング中に) それが私の胸にガラスのように刺さり痛かった。ああ、人に飛ばさなくて良かったと思った」と。これは他者を傷つけない配慮、愛の目覚めです。

そんな事があって、初めに記した、胸の厚い「(2～3重？)の窓が、胸の真中でパカッと開いた」のです。

## W.Kさんの例

「胸の痛みはヒーリング中だけでなく、一日中ひどく痛みましたが、5月の朗読講座（注；癒しの朗読法）受講後、その当日と翌日下痢をしました。その後胸の痛みは全く消えました」。そうしたら突然「気付き」がありました。「自分の事は早く卒業しようと思っています」と。

やはり「胸の痛み」があって、それを経過して自己中心からの反省と目覚めが始まったのです。

## 進化の第一段階　（決断）

第一段階は、胸部チャクラの開花（人体のチャクラ主導権が胸部に移行）する段階です。この時から、人は愛の人に変わり、世のため人のため地球のために生きる決断をする、人生の転機「決断の段階」です。N.Yさんが駆け抜けた人生の転機の絵巻きを見てみましょう。

## N．Yさんの例

　　N．Yさんは平成9年夏からセラピーを始めました。それ以来、10か月間も凄い排痰現象が続きました。「痰が凄いんです。体の中にどうしてこんなに痰があるかという具合に痰が出るんです」と。それにヒーリングではエネルギー流入が凄い、「上半身はポカポカ温いのに、下半身は氷水に浸っているように寒い状態があったり」と。これも体内の排毒浄化現象です。それから下痢、「何も悪いもの食べないんですが、ヒーリングを受けて帰るとみんな出ちゃうんですよ、下痢で」。それもわざわざ食べずに空腹でセラピーを受けるのに、「それが帰ったら全部下痢で出てしまうんです」。徹底した浄化解毒です。それに嗜好変化現象、添加物の入った食品が自然に一切食べられなく（食べたくなく）なりました。「口が教えてくれるんです、苦さが異常で」と。こうしてすっかり解毒で体質が変わったN．Yさんは、平成10年夏の座談会で、「喘息が消えました、下痢・排痰・嗜好変化などのおかげで」と語り、それがパンフレットに印刷されています。

　　ところが、それからの事です。急に掌に一円玉くらいの湿疹ができ、ひどい痒みで、掻くと皮膚が切れて指も曲げられなくなりました。医者に行くと「洗剤かぶれや、手の洗いすぎでしょう」という診断でした。でも、湿疹は体のあちこちに広がり、とても大変になりました。ところが急変があったのです。

　　今年の1月、鎌倉で「歌唱」講座を受けました。ところが「翌日から咳と茶色の痰がひっきりなしに出て来ました。咳がひどいため胸が非常に痛く、また同時に背中からビールの泡がはじけるように冷気が体外へ出て行く感じで寒気があり、体も倦く、仕事が終わりやっとの思いで帰宅すると、長椅子に横になったきり、寝床に行く気力もなく36時間も寝込んでしまいました。その間、「寒気」がずっと続いていて、食欲もなく、ただただ、うつら、うつらと寝ている状態でした」。

　　これはひどい、36時間のダウンです。嘔吐感で36時間もの完全絶食でした。ところがです、立ち上がったN．Yさんは一変していました。

　　「やっと起きる気が出て何となく手を見ると、皮膚が白く浮き上がっているようなので、両手を摺り合わせるとパラパラと粉が落ち、見違えるようにキレイに

なってしまい、驚いて体のあちこちをこすってみると、跡形もなくすっかりキレイになってしまいました」。

　何と、全身の湿疹がパラパラの粉になって消え、一夜で生まれ変わったのです。湿疹は「洗剤かぶれや、手の洗いすぎ」などでなく、体内の排毒現象で、「寒気」の36時間でスッカリ出切ったのです。それだけではありません、3月のアンケート調査でN.Yさんはこう書いています。「子供の時からの喘息が完治しました」「最近、自己以外のものを癒したいと思う気持ちが強くなってきました」と。

　変化です、精神があの36時間のダウンから変化したのです。あの時「胸が非常に痛く………背中からビールの泡がはじけるように冷気が」と書いています。背中（胸の背後）からは排毒浄化のほとばしりがあり、もう一つは36時間もの嘔吐感（心の垢の一掃）があり、そのため（心臓チャクラの急浄化のため）胸に痛みを強く感じていたのです。この異常な全身の湿疹と解毒、それは精神の大浄化現象でもあったのです。即ち、N.Yさんにとっては胸チャクラ開花の瞬間でした。

　その証拠に、N.Yさんはそれから「自己以外のものを癒したい」と強く思うようになりました。3月27日のヒーリングの後、N.Yさんは「今日は眉間を長い間押された、足首と頭が痛かった」と書いています。「眉間押し」は脳下垂体の成長が始まった証拠です。ちなみにN.Yさんは6月頃から、ヒーリング中に浄化槽の役をつとめる一人になっています。

## 進化の第二段階　（成長）

　いよいよ脳下垂体と松果体の成長期に入ります。人体に成長の条件がそろったからです。胸チャクラにチャクラ主導権を置くことになったこと、（人が、愛の人にライフスタイルを置くようになったこと）、これがどんなに大

きなことか、樹で言うと、その種子の芽が、大地から外界に（陽光の下に）顔を出した、発芽したことに当たります。（そんなこと、初期的な発芽条件すら、これまでの人類はもつことが出来ていなかったのです）。いよいよこれから成長です。何の？　しれたこと、樹木のです。それは、先ず双葉を出すこと。一枚が脳下垂体の、もう一枚が松果体の。いよいよこれから大空に向かっての、限りない成長が始まります。

この決断（外界〜宇宙空間に顔を出すことの決断）が出来るまでは、胸痛、（その前に、ミズオチ痛と全頭痛がありましたが）（それは発芽への、土の暗黒を突き破る、種子の決断と苦しみ、……それが主体でしたが）、いよいよ替わって、今度は萌え出た成長の双葉、脳下垂体と松果体との、刺戟促進のための色々な方法や努力が主体となります。

それは、眉間押し（松果体刺戟）に後頭部押し（脳下垂体刺戟）です。脳の外壁から、脳幹の双葉へ、そっと愛情の「声かけ」をするのと同じことです。声（愛をもつ波動）と同じ筆法で柔かく押す、あのコツです。

統計で見ますと（[表10]）、29％の人が眉間押しを経験し、21％の人が後頭部押しを経験していますね。人体にかつてない、人が樹木に変容する仕草（ささやき）、そして偉大な天空人化（変化が連続して起こる人）へのスタートが、この時点から切られたのです。

## I．Tさんの例

　　この人はごく普通の主婦でしたが、ある種の夢を見ました。白昼夢です。それが現実と宇宙が一つに摺り合わさったような絵だったので、この世界を絵と同じものと思いました。それから一つの行動を起こし、それはこの世界を愛のパラダイスに変えるための、単純な団体運動（でも子供達にも可能な）…声を出せばよい仕事です。これ自体はささやかでも、人が何か愛を持つこと、それを世の中を明るくするための何かのユメを持つこと、そしてそれをある種の大きな方向（本

当に世界を良い方向に導くための原義）に導く、たとえそれがささやかな支流であっても、人がそのような夢を持ち、その方向へ決断して進むことは、実は大きな変容をその人に生むことです。前述した成長の双葉に水を注ぐ仕事です。夢それが水です。なぜなら、水は天から降り、大地に染み、養分を伴って（さそって）すべての植物に吸い上げて貰う（愛の素質を持ったもの）だからです。それをⅠ.Ｔさんは自分の手で（愛の手で）撒く決断を持ったのです。だから、その方の双葉（脳下垂体と松果体）は、水を得た植物さながら、ぐんぐん成長します。

　永くなりましたが、この第二段の時期で（発芽から樹幹を形成する時期で）、一番必要なのは、ささやかでも、本人が愛の行動を起こすことだという、成長の条件を付け加えたのです。

　Ⅰ.Ｔさんは頭の外殻の前後から、さかんに押されました。急な成長だったので、時々頭痛を伴いました。

### 4月11日（平12）ヒーリング

「今日のヒーリングは、頭がずっと苦しく、両コメカミに圧痛がありました。それに、以前からですけど頭からカサブタが髪にさわると落ちるんです。別に痒いわけではありませんけど。ああ、実はそれより前から頭がゴツゴツになってるんです、さわると。もちろんその以前は頭は平らだったんですよ。」

　Ⅰ.Ｔさんは大分前から同じ事を言っていました。頭の皮膚がカサブタみたいになって落ちる。頭にさわるとゴツゴツになってると。そしてヒーリング中、頭痛のほか、頭に膨張感があると。[表10]を見て下さい。頭の膨張感を感じている人が25％もいます。これは何か？　脳の発達成長。脳内の双葉（松果体と脳下垂体）の成長肥大化に応じ、脳の成長発達が起こっているわけです。するとⅠ.Ｔさんのように頭がゴツゴツと、一種の頭蓋の変形拡大まで感じる人も出ます。Ⅰ.Ｔさんはそのため頭蓋拡大のため、皮膚に急な変化の影響が及んでカサブタみたいになって落ちる程になっているのです。生理的な変化が現に起こっているのです。

### 7月7日 ヒーリング

「初めから眉間をずっと押されていました。最後は特に強くなりました。（注；ヒーリングでCDをかけて寝て音楽を聞いている時間は約1時間半です）。左足の向うズネに注射された痛みがありました。（注；このスネ痛はチャクラ開発と相関しています、これは後章で述べます）。やがて頭全体が膨らみ、「光は銀河の果てに」の音楽のところで凄く膨れました。終わったら吐き気があり、でも今はとてもスッキリです。でもアクビが出ます。」

吐き気は、特に恐怖感などの放出現象です。浄化の進んだI.Tさんに恐怖感があったわけでなく、集団セラピーですから、他の人々の浄化槽の役割をしてあげたのです。ですからすぐ放出し終わって、後すごくスッキリしているのです。この浄化槽の仕事は、一段と浄化の進んだ人々が自然にいたします。こうして手助けする度に自己浄化力も増します。I.Tさんは後アクビが次々出ると言っていました。アクビは浄化槽役の人が浄化をしてあげている時の汚染物を放出する仕草です、もう一つは急に膨張（脳細胞が成長する）に脳細胞が対応しきれずに（呆っとする）状況の時、このアクビでスッキリします。この二つの理由でI.Tさんはアクビを連発したのです。

I.Tさんの急な脳内の成長の状況、わかって頂けたでしょうか。I.Tさんに限らず、多くの人が（[表9]）で見る「**頭部の現象**」体験者、106名、75％の人が）、大なり小なりこのような脳内進化を経験しつつあります。

ここで蛇足かもしれませんが、I.Tさんの頭内変化が、本人の意識にどんな変容をもたらすのか、それを象徴するようなヒーリング中のI.Tさんの夢（幻想でなく、アリアリとした映像夢をヒーリング中に人々はしばしば体験する）、それを紹介します。なお、それと比較のためにその1年以上前に見た映像も併記します。

#### 1)「瞑想リラ」研修中に何度も見た映像

「アルバムの写真の人物のように、円の中にいつも賢こそうな灰色の蛇が目の前にいる時があった。あまり気味悪くはなかった。とぐろを巻いてこちらを見ていた。とてもとても賢こそうなのが印象的だった。その頃、前が一瞬ボーと見え

なくなった時があった」。

　〈前が、一瞬ボーと見えなく〉とは、呆けではありません。集計表［B面］の4．cとdで尋ねているように、急な脳内成長で脳細胞が対応しきれず、一時的に「d．視界ボケ」とか、頭が気持よく休むための「c．一時的なボケ」があります。間もなく回復して以前より英知が増すわけです。I．Tさんはこの時間に、奇妙な蛇の映像を瞑想リラ実習中に見ていたのです。この蛇は何でしょう？　あるいはイブに「知恵の実」を食べさしたあの賢い蛇では？

　それから1年半後、I．Tさんはアリアリと次の映像を見ます。

### 2）ヒーリング中のリアルな映像

　「ヒーリング中、真っ暗闇の中、一本ピンクの水平線（波頭）ありそこでは高い音が聞こえた。これは宇宙の果てではないかと思った。ピンクの波頭の向こうにはルビーの空があり、それは神気の出る所だと思った」。

　そこはどこでしょう。一本の黎明のような水平線があり、そこ、宇宙の果てと覚ぼしきルビーの空から、まさに神音が聞こえるとは？　そこは、もしか天界？

　こうして、1年半の間にI．Tさんは〈知恵の実〉の蛇が見ている煉獄から、もしかしたら天界へ魂の居場所を移したのでは？　これが頭部の変容が人に起こさせる変化では？

## 7．脳下垂体と松果体の成長 ── 卵からヒナへの変身

　これは二つの内分泌腺の成長ですから、人体に生理学上の変化を呼び起こします。肉体の急変です。

　ちなみに、松果体は小豆粒大ですが、成長するとソラ豆大にまでなる筈のものです。ところが思春期を過ぎると小豆粒大で成長が止まり、以後は委縮

します。松果体の本当の働きは生理学的にはまだ解明されていません。私はこれを〈不死の石〉みたいなものと思っています。アメリカでは松果体の出すホルモンのメラトニンを若返りの薬として珍重しますが。松果体は光エネルギーが出入りする門・松果腺チャクラは「光の門」です。ここから直上の頭頂の穴（第4の目）から、光は出入りします（もし、ここが開いている人の場合ですが）。つまり第4の目は宇宙空間へつながる人体の穴、そして、永遠とか不滅とか（宇宙システム）を見る目です。即ちこれが（松果腺チャクラは）高位精神とつながる最高位のチャクラと言われるゆえんです。ですからここ頭頂にある穴（窓）が開けば、永遠（不死）を人体はその魂として持ちます。ですから松果体は〈不死の石〉です。つまり人体が発達して、ソラ豆大まで松果体が成長すれば、その人は不死を魂とするだけでなく、この不死の確念から松果体が分泌するホルモンは、次位の脳下垂体チャクラに向けて、そのように指向する質のホルモンを分泌するわけです。すると、脳下垂体はその指令を受けて、（脳下垂体は査定審問所でもありますから）、以後は従来の〈死すべきホルモン〉から、永遠に生きる質の〈生のホルモン〉に質を切り替えてホルモンを出します。このことは、脳下垂体は他のすべての全身の内分泌腺の総司令塔ですから、人体に不死のホルモンがまぜて配分され、人体を不死とか、若返りとか、時代と共に切り替えていく（遺伝子に、この質を継承させて遺伝させる）方向に向かい、人体の永生化が時と共に進行させられる筈です。これを人体の進化と考えます。

　従って、松果体（不死の石）と共に、脳下垂体（永生と若返りの人体ホルモン分泌所）の肥大化・成長がどんなに重大な事かお分かりでしょう。これが人類進化の今後の決め手です。人は脳内に二つの宝を持っています。この宝を自然音楽セラピーが今、急速に成長変化させつつあります。

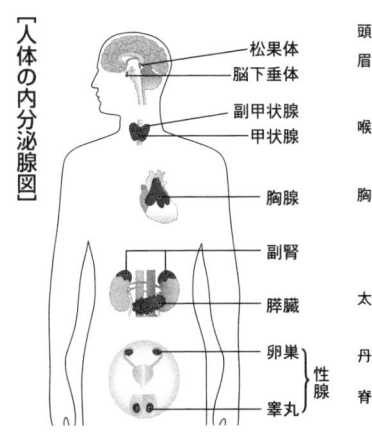

【人体の内分泌腺図】

- 松果体
- 脳下垂体
- 副甲状腺
- 甲状腺
- 胸腺
- 副腎
- 膵臓
- 卵巣 ｝性腺
- 睾丸

(注) 脳下垂体は下位すべての内分泌腺のコントロール・タワー(但し、胸腺を除く)

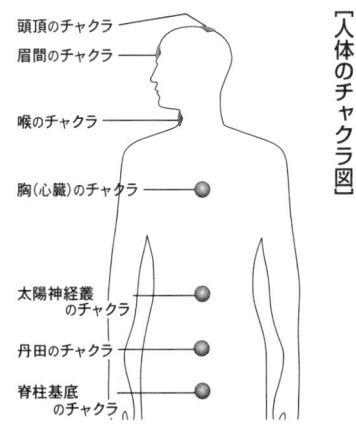

【人体のチャクラ図】

- 頭頂のチャクラ
- 眉間のチャクラ
- 喉のチャクラ
- 胸(心臓)のチャクラ
- 太陽神経叢のチャクラ
- 丹田のチャクラ
- 脊柱基底のチャクラ

(注) ストレス根はハラ(下方チャクラ)に溜り、上方チャクラを通って頭部から抜ける。胸チャクラが開くと、上方チャクラが開花し、全チャクラは合体して、一つの球体と化す。


## 参考 〈脳下垂体の生理的働き〉

　参考に、脳下垂体の生理的な働きを列挙します。不死のホルモンを脳下垂体はまぜて分泌するから、その行先はどこか、それが（全身に及んでいます）、とても重大な事ですね。それに脳下垂体の大きさは現在は大豆粒大ですが、クルミ大までは成長する可能性があります（自然音楽セラピーの頭部の現象を通じて）。ということは全身に及ぶこの働きが、倍加され、何倍かされるということです。それに応じて不死への進化が全身に及びます。
　① 脳下垂体は成長ホルモンを分泌します（骨や筋肉の成長促進）
　② 甲状腺の働きを刺戟するホルモンを出します（甲状腺は全身の新陳代謝

を盛んにし、また脳の発達にも良い働きをする）
③ 副腎皮質を刺戟して、副腎皮質ホルモンの分泌を盛んにします（副腎皮質ホルモンはストレスに抵抗する力を発揮したり、血糖値や体内の塩分のバランスを調節する。また少量の男性ホルモンを分泌）
④ 性腺の働きを刺戟するホルモンを出します（男性ホルモン、女性ホルモンの性ホルモンの分泌があって人は思春期に成熟し、受胎が可能となる。この性ホルモン分泌のバランスを調整するのも脳下垂体）。
⑤ 乳腺刺戟ホルモンを出し（乳の出を促す）、陣痛促進ホルモンを出し（この陣痛によって出産が可能となる）
⑥ 抗利尿ホルモンを分泌（このホルモンのおかげで、排泄される尿の量が適切にコントロールされる）
⑦ メラニン細胞刺戟ホルモンを分泌して（皮膚の色素の変化を調節）

　以上のように、脳下垂体（豆粒くらいの大きさなのに）、その働きは人体の全身に及んでいます。人の誕生（陣痛）から、発育（乳腺）、そして体を作る（成長ホルモン）。成熟して子孫を作るための（性腺ホルモン）、そして一生を新陳代謝を盛んにして元気で生きる（甲状腺ホルモン）、また血液の流れから必要な分だけの尿を取り出す（抗利尿ホルモン）、ストレスに対抗して生きられる（副腎皮質ホルモン）、また皮膚を守る（メラニン細胞刺戟ホルモン）等、何とまさに小粒ながら人体の守り神。そしてさすがに全身の内分泌腺の総司令塔です。
　しかし脳下垂体は、この上位の松果体には指令は致しません。それと胸腺にも司令を出しません。なぜ？　胸腺は思春期以後萎縮します。40歳では半分になり、更に変化しつつ姿を消していきます。動物実験ではこれを除去すると、リンパ節未発達となり免疫力を失います。それに今まで私達が見たように、胸腺開くと脳下垂体も松果腺チャクラも開くのです。だから思春期以後、人間の胸腺が萎縮しているのは、免疫力を失っていることです。それは

脳下垂体の萎縮とつながり、老化を促進していることです。また松果体の萎縮とつながり、高位精神とのつながりを失い（精神の堕落を促進していることです。）それと永生への人間の持つ可能性を遮断していることです。

　胸腺を開きましょう、愛の人となることによって。そこから始まる脳下垂体と松果体の成長を促進し、人間の持つ夢、人体をもったままでの永遠の生命と、完全自然治癒力を握った人体の創造、さらには高位精神の保持者への高みへと登りましょう。それが自然音楽セラピーで、現に今、進められつつあります。

## 進化の第3段階 （マカバ化へ）

### 8. 卵からヒナへ、ヒナから大鳥へ

　一個の受精卵が孵化すると、一羽の鳥になります。そのように人も、一個の受精卵が母の胎内で、６０兆の細胞をそなえる人体となって誕生いたします。６０兆の細胞は手足となり、内臓となり、骨・筋肉・皮膚をつくり、血液・神経を作ります。これらが総合して一個の人体としてコントロールされるのは脳のおかげです。脳中枢は、ここから運動神経を出して手足を動かし、知覚神経を出して全身の感覚をコントロールし、自律神経を出して内臓を動かします。では脳が人間の中心でしょうか。

　I.Tさんは今、脳内が発達して、世のため人のため地球のために生きようとしています。つまり、愛に生きる決断をもって生きています。すると、先に書きましたように、それは人体の永生化、若返えり、精神の宇宙化を生み、

人は一個の６０兆の細胞を総合した人体でありながら、一分子（細胞）、あるいは小惑星（小宇宙）となって、生きることになります。それはあたかも、地球が自律（自転）しながら太陽の周りをめぐり、太陽系は一個の小宇宙でありながら、銀河の中心をめぐり回転、また銀河も一つの宇宙でありつつ、大宇宙の中心を自転しながら公転していることです。

　人も一個の人体でありながら、自己中心（自転だけ）にとどまらず、公転することを知ると（そのようなライフスタイルに入ると）、このように小惑星、小宇宙、そして全宇宙と一体となります。すると、やはり人間は脳が中心なのでしょうか。愛が公転のシンボルです（全身を、他者〜大いなる中心に合わせて、ふりしぼって生きていますから）。

　愛の本拠はどこにあるのでしょうか。脳でしょうか？　私は前著『自然音楽療法』でふれました。自然音楽（自然界の愛の心を反映した音楽）を聴くと、脳の視床下部（原始脳）に反響し、ここからドーパミンやβエンドルフィンの脳内覚醒剤や麻薬を分泌させる衝動が起こって、これら薬剤が快感神経ルートを通って脳内や全身に及び、人を明るく愉快で前向きの気力をもつ気分に変えると申しました。この気分こそ愛の素（もと）です。明るく愉快な人は、他者におおらかで優しくなりますから。つまり人を許し、自分をも許せる人柄ですから。人を許し自己を許すことは、自己中心を捨てるステップです。

　前章の「気付き」の項で書きました。J.「私を傷つけたとばかり思っていたあの人に、謝らなくては。そう思うことで私は相手を傷つけていたのだ」、他者の許しです。I.「あるがままの自分を受け入れよう」、自己の許しです。すると、K.「自分はひとりで生きているのではないのだ」、L「生きていることの有難さ」。他からの愛を感じるようになります。そうして、E.「自分のことは早く卒業したい」、と自己中心からの離脱が始まります。N.Yさんはついにワン・ステップを越えて「世のため人のために生きたい」と決断いたしました。これが愛です。ですからN.Yさんは、胸のチャクラが開き、胸チャクラが全身のチャクラの主導権を持つ愛の人に変身しました。

I.Tさんもこうなったから、そこから脳下垂体と松果体の肥大化成長（頭の変形まで）が開始され、先述したように永生と若返りと高位精神の人体——自律する公転する惑星化（小宇宙化）──➡天空人（宇宙の人化）が始まったのです。いわば卵が一羽のヒナとなり、ヒナが大空へはばたく大鳥（宇宙と一体となって活動する）超人化が可能となったのです。
　そうすると、やっぱり、人の中心は脳なのでしょうか。いいえ、胸です。愛のセンターが中心です。なぜなら、愛があるから、I.Tさんは大鳥（天空人）になりかかっているのですから。

## 9. こうしてマカバへの道が始まる

　さて、自己中心を越える関所は〈みずおち〉にありましたね。いみじくもMさんがこう言っていました、「今までどうしても消えなかった恐怖感や嫌悪感が消えていく、………みんなのいのちはつながっているのだ」。恐怖とか悲しみとか嫌悪などストレスがあるのは、自分にとらわれているからです。自分を守ろうとするから、恐れ、悲しみ、怒り、戦い、人を害する、すべて生存本能・自衛本能から出ます。自己中心の根は動物性の防衛本能です。天空人になるということは（不死の人体を作るということは）、この自己中心を卒業して、愛のライフスタイルに転向することです。その関所がみずおちです。なぜなら、ここに、腹にたまったストレス根を通り抜けさせる道があるからです。巻戻し（辛い過去の再現──「落込み」そうして反省と自立心）これで卒業です。ルートが開かれ、胸チャクラを通って頭からストレス根は抜けます。ルートが頭を通っていることは面白いですね。そのために胸（愛のセンターをどうしても通らないと）腹のストレスもトラウマも出られない。

そうして脳内を一度通る（脳下垂体のまるで閻魔大王のような審問査定を受けて）通過を許される。

　このとき、脳に記されます、この人はストレスを（一つの自己中心を）捨てたと。これが積み重なると、脳にも愛の実績の記録が集積されます。この記録は多分、間脳の中心（視床）にあるのではないでしょうか。この記録をひもといて、視床下部が脳下垂体に司令を下だします。「脳下垂体よ、成長ホルモンを初め、全身の諸ホルモンを全開せよ」と。実は、脳下垂体は全身の内分泌腺の総元締なのですが、これを作動させるかどうかの司令は視床下部から受け取るのです。つまり全身の内分泌腺の司令塔の大指揮官は視床下部にあるのです。そうして視床下部指揮官は、視床に集積された愛の記録をひもといて、この実績によって（愛の人になったかどうかを判断して）、脳下垂体の全発動はもちろん、脳下垂体じたいの肥大化成長開始を発令するのです。

　これでも脳が中心だと言われますか？　心の大中心はハート（胸）にあるのです。脳中枢は、それに自動的に反映させるコンピュータです。そうして、視床こそ、愛の心の記録集積する記録書。そして愛をその前に決断させる座が胸チャクラセンター、この座が脳への通り道に置いてあるのです。そして、そのために腹のチャクラに、暗いもの（ストレス根など）が引っかかって止まるように仕組まれているのです。さて、辛い辛い難所みずおちの細道、ここを何度か通ってスムーズな道が出来ること（道の貫通）、これが愛の決断、つまり胸チャクラセンターの座の開花です。

## 10. 胸チャクラの開花は、人体の歴史の開花

と言うことは、胸チャクラはそれまで閉鎖されていたということです。実は、人体には大きなチャクラが七つあり、これを結ぶルート（気道ないし経絡）があります。ここを気が流れるのですが、実は漏斗型をして外へ開いているチャクラの根元（気道につながるところ）はつまって、（通常人は閉鎖されて）いるのです。だからツボを刺戟しないと（注；鍼灸治療や気功を受けないと）、気道の気の流れはうまくいかないのです。さて、愛の決断をいたしますと、胸チャクラの漏斗型の根元の封印が開かれます。これは人体にとり、とても重大な出来事です。ハート（心の大本の在所）のチャクラ封印が解かれたので、自動的に全身のチャクラの封印が解除されます。これは人が、一個の人体から宇宙とつながる人体（天空人～小宇宙体）へ転化し始めた瞬間です。ですから、愛の決断、胸チャクラの開花は宇宙的な出来事です。
　これから、次々と全身のチャクラの開花（栓が抜けたので、チャクラが漏斗型から膨らんで、それぞれ球体化する）偉大な幕開けです。こうして開花（球体化）しつづけるチャクラは、全体が連合し、ついには一つの偉大な球体化を実現します。

## 11. いま、天空人にさしかかっている人は何人いるか

　もしこれが事実とすれば、いったい何人がこの天空人になりかかっているのでしょうか。その前にもう一度おさらいをしてみます。天空人の出現が人類の史上で、どんなに稀有のことであるか、それが音楽を聴き歌えば、人がそう変わるという事実に注目して頂くために。

　**［準備期］（精神化の時期）**

心身の排毒浄化がさかんにあって、人が物質の他に精神の価値に気付き始め、自己中心を反省し始める。

### [第1期]（決断の時期）

トラウマなどの解毒排出があって、掌(てのひら)を裏返すように、人がライフスタイルを愛（共生・共栄）に切り替える決断をする。胸のチャクラが開花。

### [第2期]（頭内の成長期）

全身の各チャクラの球体化が進行する。人間の双葉（脳下垂体と松果体）の肥大化成長。それと共に体と心の自然治癒体質化（免疫体質化）が進行。

### [第3期]（天空人への準備期）

全身のチャクラが融合を始め、人体が一個のエネルギー球体化へ向かう。併行して、体外チャクラの開花が始まる。

さて、体外チャクラは、一個のエネルギー球体化した人が、天空（宇宙）へ架ける梯子です。これで、宇宙とのエネルギー交流一体化ができて、天空人となります。その体外チャクラの開花は、何で見分けるかというと、腰痛・脚痛・足痛などです。これら痛みと対応しつつ、体外チャクラは開かれるからです。

では集計表［A面］の「4.腰・脚・足」を見てみましょう。どれだけの人が関係しているか。また、［B面］の「4のf.足のケイレン」をご覧下さい。これらを見やすくするために、［表12］として取り出してみましょう。

なお〈足のけいれん〉は、腰痛・脚痛などが起こる前に、しばしば起きる現象で、いわば頭外チャクラ開花の準備段階です。なぜ起きるのか？　松果体が成長して急な成長のため、これが司どる自律神経系のコントロールが一時的にうまくいかず、そのためにひどい足けいれんが起こったりします。

[表12] 腰・脚・足の痛み（頭部現象に併行して起こる痛み・引きつけ）

|  | A (未) | B (研) | C (リ) | D (銀) | E (瞑) | 計 |
|---|---|---|---|---|---|---|
| a. 腰 | 0 | 3 | 2 | 0 | 14 | 19 (13%) |
| b. 太もも | 0 | 2 | 0 | 1 | 4 | 7 ( 5%) |
| c. 膝 | 0 | 1 | 0 | 0 | 9 | 10 ( 7%) |
| d. すね | 0 | 1 | 1 | 0 | 10 | 12 ( 9%) |
| e. 足 | 1 | 6 | 2 | 3 | 36 | 48 (34%) |
| 足のけいれん | 1 | 1 | 2 | 5 | 31 | 39 (28%) |

　さて、腰痛・脚痛・足痛ですが、これは足腰や内臓の疾患があってもこれを癒す働きとして起きます。ですから、この人達を除去して考えねばなりません。[表12] のうち、A（未）～D（銀）までの人は、頭外チャクラの開発は「リラの響き」発声と深くかかわっているので、これらの人には無理です。（この点については次章で詳記します）。そこで「E. 瞑想リラ発声者」の段階まで進まないと、通常では、とても開花は望めません。よって [表12] の中の、Eの項の人々を、頭外チャクラ開花現象者といちおう考えて下さい。（「いちおう」というのは、中には腰痛・足痛疾患の古い経験報告もこの中に含まれているからです）。本当に最近の腰痛、脚痛の体験者がホンモノの頭外チャクラ開花中の人々です。こうして見てくると、まだ少ない人数だということが分かります。しかし、これらの人々の内に天空人化が進んでいることは厳然たる事実です。（注；既に天空人の段階に足を踏み入れている数人が今回のアンケート調査に含まれていません）。

　では、どのようにして頭外チャクラが開かれるか、目立った形で足痛を開始した人の例をあげて、見てみましょう。

## Ｉ(あい)さんの体験例

前に、「気付きについて」の箇所で紹介されたＩ(あい)さんの事です。あの時（平成10年6月）Ｉさんは亡父の光りの姿をヒーリング中に見て、「永遠の生命」という悟りを持ちました。これがＩさんの新しい生へのスタートでした。次に色々なセラピー体験を経つつ、今年（平成12年）の1月〈幼児期のトラウマ〉を切り抜け解消させました。そして5月には、「安心立命」という大きな安らぎと悟りの境へと入れました。すると、8月4日のヒーリングに驚天動地のセラピー体験をすることになりました。

先ず、青木由有子の新しいピアノ曲「光は銀河の果てに」が鳴り始めると、頭頂が涼しくなり、青く光った「気」の柱が頭上へ伸びて行くイメージに包まれました。……突然、右足裏が「ひきつれ」もう居ても立ってもおれなくなったのが、やっとおさまったかと思ったら、今度は右足裏が「痛み」だし、両足ともに「ひきつれ」、脹ら脛・太ももへと痛みが上がって来ました。だが〈胸元〉は気持ちよくなり始め、深呼吸すると、とても美味しい味がしました。

足下からは「痛み」がどんどん入り、だのに胸元から喉元は気持ちよく美味しく、頭頂は涼しく、その頭頂からは青く光る「気」が吹き抜けて、「私は煙突になった」ようでした。

ところが、ところが、目の前に羽衣が浮かび上へ向かっていきます、すると「私も一枚の布になって」羽衣に従って上へ上へと漂います。……もう煙突ではない、そう感じてホッとしたら、突然、胸のチャクラから背中へ突き抜け何かが刺さりました。背中が熱い！　そう思った瞬間「気絶」したようです。気が付くとセラピーの終曲「光は銀河の果てに」が鳴っていました。すると止めどもなく涙が、涙が流れつづけました。

以上、光の煙突になったＩさん。足痛・脚痛で疼いているのに、胸元が涼しかったＩさん。羽衣と一緒に天上を舞ったＩさん。遂に何かで胸チャクラを刺され、最後に感動の涙を流し続けたＩさん。これは頭の上方に操作が及

んで、胸チャクラが一層開かれていった、人が一まわり大きくなった体験です。このとき足痛・脚痛が連動したのです。

　このような印象的な経験があれば、足痛が体外チャクラの開花と符合していることを、自他ともに理解できます。但し、大事なことは、この開花は精神の高次への開花と符合していることです。

　私事で恐縮ですが、私の場合は、半年間くらい断続的にひどい「足のけいれん」を経験し、それから、ある夜一時間ほど、スネは二箇所、踵はアキレス腱の両側、足甲はタテ線状に、ひどい疼痛を体験。足裏は球形に抉られました。これを何度も何度も繰返し、その位置が私に分かったと納得したら消えました。この体験で、けいれん、足痛と、体外チャクラとの関係を自得しました。

　さて、一番肝心な話でこの項を締めます。先程、頭外チャクラの開花は「リラの響き」の発声と関係すると話しました。実に、単に音楽を聞き歌うセラピーで、急速な人体（頭内）変化を伴い、精神の開扉を含む、人間進化が進行し得たのは、「リラの響き」の発声で、非常に特殊な呼吸法（それはお子様にも出来る形での）、それが常に竝んで存在していたからです。呼吸法が急速な肉体の双葉（特に松果体）の助長進化を促進したことと関わっています。次にこの大切な「リラの響き」について、初めてここに公開をいたします。

第 3 章

リラの響きが人類史をつくりかえる？

## 1. リラの響き発声のいきさつ

　みんなの幸福を悲願として、宮沢賢治はデクノボーになりたいと言いました。「緑」がデクノボーの生命です。なぜなら、「緑」はいのちです。樹木の緑は太陽の通路です。いのちは「愛」です。なぜなら、どこまでも地球に緑が広がれば、いのちが広がります。緑（植物）は酸素を出し、体を食物に提供し、いやしの生命の音楽を奏でます。これが「愛」でなくて何でしょう。これがいのちでなくて何でしょう。ですから、デクノボーに人がなることは、愛の人になること、いのちそのものになることです。

　私達も、賢治を真似て、デクノボーになりたいと悲願しました。地球と皆の幸福を願ったからです。そうして、やはり賢治の真似をして自然界、万物と会話をして、万物とワンネス（一つのもの）となろうとしました。これが愛のライフスタイルのあり方です。この心を特殊な方法を使って、声で発声いたしました。これが「リラの響き」です。この声は生きています。声に心は乗り、心が愛であり、愛はいのちですから。このリラの響きを地球の隅々にまで発声（ＣＤででもよいから）使えば、この運動は自然音楽運動の大事な一環です。

　ところが、この事は、人間の歴史を変える秘義を中に持っていました。何と、人体が天空人（宇宙とワンネスの人）になる生理学的な働きを持っているのです。これからその話をします。

## 2. いのちを呼吸するルート

　宇宙に充満する生命エネルギーである気（プラナ）を吸入することは、印

度のヨガでも、中国の気功でも、その他でも大切な基本です。だが、気には人体に通り道（気道）があります。神気ともいうべき、最も精妙な天の気・地の気もその通り道を通ります。人は鼻から気を吸引します。これが自然であり、大気と共に気は鼻から入ると考えてこられたからです。

　至高の天地の気は鼻からは入りません。空気（物質）とは異次元のものですから。宮沢賢治も繰返し書いた「異次元」（そんな空間があるとして考えてみて下さい）、そこからしか出てこない精妙な気は鼻以外から入ります。では、どこから？　それは「緑」に聞けば（習えば）自然に入ります。「緑」はいのちですから。地球の緑さんは植物です。植物は葉緑素が太陽（ヒ）を吸引し、根が水と養分を吸収します。これが生命をつくり、生命を支え、活力の源です。

　それなら人もそれに倣い、XとYから気を吸入すればいいのです。（子どもにも出来ることです）。木に出来ることですから。私達ははからずも、リラの響きではそれを致しておりました。だから、天地の神気（至高クラスの気）が鼻からとは別のルート（気道）を通って、人体を環流いたしておりました。（これは秘義というほどでもない、ごく自然の義です。）ただ人類が「緑」がいのちであることを失念していたので、（緑から習うことをせず、そのため）長い歴史の間これを取り落としていたのです。これは人類史上の痛恨事です。なぜなら、そのために人が天空人になる道を遮断してきたのですから。

　（注）ここで一つだけご注意申し上げます。形だけ真似をしてリラをしても（同じ呼吸法を真似ても）、神気は人体に入りません。これは物理的共鳴の法則です。打てば響く、あの原理により、心の中に愛（ホンモノの愛、賢治の言うデクノボーさんのような愛の心）がなければ、響く筈の天地の気がその人には響けずに入って来ない。これは天地の法です。万一邪心、または汚心で形を真似たら、その心に対応した粗悪な段階の気（邪気）が流入いたしますから〜この故に、（人体の浄化→心身の浄化→高位精神をもつこと）、これが基本であること〜くれぐれもご留意下さい。

## 3. 呼吸で、人が天空人に変わる

　リラ呼吸法をすれば（どなたでも）、なぜ天空人になれるのか。これは生理学的な作用で道がつけられるからです。リラ気道は松果体・脳下垂体を通って気道が貫流しています。これが理由です。

　ところが、鼻から空気と一緒に気を吸うコースは松果体を通らずに、脳下垂体から全身に気が流れます。肝心なのは松果体です。ここは脳下垂体の上位にある「天上への光の門」ですから。ここを通らずに呼吸を繰り返しても、人体から気が天上へ抜けることは金輪際ありません。但し、人が胸チャクラを開花させればこの限りではありません。下から脳下垂体を通って気が松果体から抜けますから。でも、出来ますか？（自然音楽セラピーなら出来ます。腹に溜ったトラウマ退治ができますから）。これが出来ずに、かりに千年、鼻からの呼吸法を繰り返しても、至難の業です。自然音楽セラピーをなさいませ。でなければ、直接リラで気を松果体を通って貫流させなさいませ。これで松果体が刺戟され成長肥大化します。これがいわば秘義です。

　さて、リラ気道はX（頭頂）からY（足下）へ抜けます。この間に、上から松果体、脳下垂体、喉、胸、みずおち、下腹、尾てい、のすべてのチャクラが貫かれています。Xから天の気が入り、Yから地の気が入り、気道で交流し合いながら眉間から放射されます。これが「リラの響き」です。口から発声する声は自然な人間の声でよろしいのです。

　初めに「緑」はいのちだと申しました。人はこのリラ放射の時に、確実に樹木になっています。頭上と足下（根）から樹のように天地の気を吸引していますから。つまりは生命になっています。従って放射される眉間からの光は、（心が乗っている声は）いのち、即ち癒しの効果を持っています。それは植物や自然界が出す（歌う）自然音楽と似ています（人が出す自然音楽と言えましょうか）。但し、リラの響きは限りなく深さを進化させます。現在は①リラの響き、②銀線リラ、③生命の樹の瞑想リラ、④プレシオス・リラ、

ここまでは確実に出せています。そして今まさにその上の⑤マカバ・リラが数名の人々によって開発発声されつつあります。これは天空人化の段階で初めて発声可能となります。

　以上でこの項を締めくくるためのポイントを申し述べます。人は今や天空人になれる。(それは、人が今まで、人は〈死すべきもの〉と思っていた執(とらわ)れからの解消です)。天空人とは永生へのコースを歩む人ですから。私達は今や〈不死の石〉松果体を肥大成長させる方法を入手しました。また併せて、〈全身の免疫体化の核〉脳下垂体を肥大成長させる手段を実現したのですから。

　その方法とは二つ、一つは自然音楽セラピー。もう一つはリラの響きの発声。もし、人がこの二つを併せてとり入れれば、ここに急速な天空人化のコースがあるわけです。現に、今、そのコースが鎌倉の自然音楽研究所で実験的に進められています。今回のアンケートはそれを調査したものです。

　もし、この二つのコースが広く使われたら、人類の歴史が急速に変わると考えられます。人々がみな天空人化(宇宙と結んだエネルギー体)に変わっていくのですから。まさか？と思われますか。現に研究所では、リラ・コース体験者たちには柱が立ちつつあります。これは人体と宇宙を結ぶ通管です。これが完成すると、人と宇宙が一つのエネルギーで結ばれ、人は天空人化します。(これは元々、人体に具わる柱が歴史上退化し、それがリラで再現され始めたのです。)

# 4. 人には柱がある ── 宇宙とつながる通管がある

[細胞には柱がある]

人の源は一個の受精卵です。しかしA氏とB氏が違うのは、AはA、BはBなりのバックボーンを持つからです。犬や馬も源は一個の受精卵です。しかし人が犬や馬と違うのは、人は人なりのバックボーンを持つからです。その受精卵のバックボーンを、かりに［図1］のように描いてみましょう。人体（肉体）にもバックボーン（背骨）があります。これが人体を支えています。

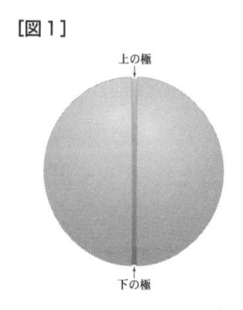

［図1］

上の極

下の極

## ［生命にはルールがある］

さて、一個の受精卵はどのようにして生まれるのでしょう。それは母の卵と父の精子があったからです。父と母の精子と卵はなぜ存在したのでしょう。それは父母の性腺（卵巣と睾丸）の性ホルモン分泌活動によるものです。これらの活動は脳下垂体の性腺刺戟ホルモン分泌の刺戟によるものです。この脳下垂体の分泌活動は、視床下部からのホルモン分泌で起こります。また一方、父と母の生殖活動は、思春期に性腺が成熟したからです。この思春期に人類の成熟を指令するのは視床下部です。なぜ、視床下部はこのようないろいろ重要なことが指令できるのでしょう。科学的には分かりません。ただ言えることは、人体の細胞の染色体のＤＮＡの遺伝子に、視床下部がそのような作用をするよう、情報が組み込まれているからです。つまり、人体にはルールがあるのです。ルールに従って人は生きており、生き続けています。

## ［偶然──これは生命の原理ではない］

さて、もう一度、私達の源である受精卵はどのようにして出現したのでし

ょう。父と母の卵と精子の結合です。何億もある精子の中の一つが、たまたま接合できたわけです。これが偶然でしょうか。もし、偶然が「法則」ならば、生命は存在し得ません。たとえば偶然（ゆきあたりばったり）が通るなら、すぐに学級崩壊が起こるでしょう。衝動(しょうどう)が許されるなら、学校は崩壊します。全社会も同じことです。「どうしたらうまく生きられるか」の知恵（理性）が生存を続けるにはどうしても必要です。人の場合は、この「理性」を大事なルールとして生きてきました。動物は、本能（生きるための、環境にうまく従う内的な指向）で生きてきました。動物の場合は「本能」がルールです。

## [生命のルールは、うまく生きよう]

　さて、このような理性や本能はなぜあるのか。それは人や動物のＤＮＡの遺伝子内にそのような情報が等しく組み込まれているからです。では、その遺伝子はいかにして作られた（生まれた）のでしょう。それは進化によるものです、進化とは何か。適者生存（環境にうまく対応したものが生き残り、勝ち残ること）で、自然淘汰（うまく適応しなかったものは消え去ること）で、進化が進行しました。それならば全生物には、環境にうまく適合していこうという大本能がすべての細胞のＤＮＡにひとしく遺伝子情報として組み込まれている筈です。即ち、全生命細胞の根源にあるものは、「環境にうまく対応して生きよう」という大意志。この大意志が生命のルールなのです。

　すると、生命にはルールがあるのです。つまり「環境に応じてうまく生きよう」、これが生命の意志、生の本能。人はこれを理性でよりうまく生かそうとし、動物は本能でまかなっています。

　すると、一個の受精卵のバックボーン（人の柱）に染み通っている本質は、私はAであり、Bであること（個性）の他に、根源の質「うまく生きよう」

の生命のルールです。

## [大きな細胞と小さな細胞も、本質は一つ]

　さて、さて、人体は大宇宙の中の一個の細胞です。大きく大きく見れば、宇宙も一個の大きな細胞です。大きな細胞の中の一つずつの小細胞が私達です。それは丁度、人体が大きな一個の細胞であり、６０兆の細胞が人体の一つずつの細胞をなしているのと同じことです。それならばすべての細胞には、同じ生命のルール（本質）が等しく貫通している筈です。大宇宙である細胞にも、人体である細胞にも、一個ずつの細胞にも。これが各細胞のバックボーンとして、柱として存在している筈です。

## [今、人体に宇宙との通管が立つ]

　初めの［図１］を見て下さい。これが一個の受精卵の柱です。そのように人体にも柱が貫通しています。ところが、人はこの柱の存在を無視してきたので、人体から退化しました。（この柱を維持するには、根源からの司令を出す「気」を松果体を通しながら呼吸しないと駄目なのです）、大宇宙である大生命細胞からの気（天地の神気）を呼吸で通さないと、この通管は生きつづけられません。人類は久しくこの呼吸法を失念してきたので、人体から退化し消えました。今、私達はこの呼吸法（リラ呼吸）を復活し、柱（通管）の再構築を進めています。（これが事実であることは、次項で図示しますから、ご覧下さい）。

　なお、この通管を再建するのは、何のためか？　一個の細胞・人体の柱（通管）を通して、大細胞（宇宙）と交流し、一体（ワンネス化）して、天

空人（宇宙的英知で生きる人）となるためにです。
　話は初めに戻します。生命の本質（ルール）は、「うまく生きること」です。私達人間は動物と違って、本能から、自己の自由意志でうまく生きる「理性」で、うまく生きられるところまで進化しました。今度は（天空人）は、より大きな理性（英知）、つまり宇宙的理性で生きる方向へ進化するために、今や人体の柱（通管）を再建するのです。

## 5. 針の穴から人体の柱は立ち始める

### ［リラ呼吸法が天上への直行路］

　［図2］をご覧下さい。これは「リラの響き」の発声が始まったばかりの人の図です。(注；原図はB.Bさんによる。以後の図はすべてB.B原図)。頭頂から足下へ一本の細い線が通っています。これは歴史的な瞬間です。なぜなら、人体（肉体）にあるバックボーンが、ヒトの媒体（目に見えない体）にも生まれた瞬間ですから。歴史的に退化していた人体の柱が再び生まれた瞬間ですから。ヒトが天空人に進化する基本の絶対条件が発生した、その瞬間ですから。これが「リラの響き」の発声で記されました。

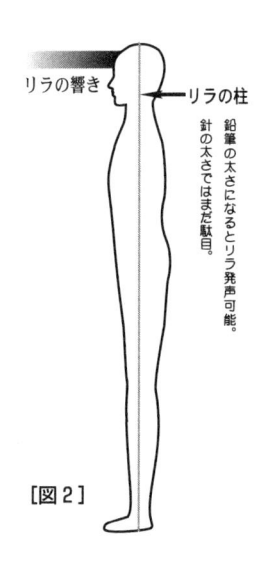

リラの響き　　リラの柱

鉛筆の太さになるとリラ発声可能。針の太さではまだ駄目。

［図2］

これがあるとないとでは、人体も（人の生理も精神も）、ライフスタイルも、社会文明のサマも、人類史も変わってくるでしょう。なぜなら、バックボーンを通して、人が天地の気を呼吸するようになったのですから。さて、何故この柱が通ったか、これまで述べたように、リラ呼吸法で人が樹木のように呼吸するようになったからです。つまり、松果体を天地の気が、これを刺戟しながら通るようになったので、退化していた頭頂の穴（松果体チャクラ＝頭頂チャクラ）が開き始めたのです。


### [道は一筋縄ではいかない]

　頭頂チャクラは、基本的には胸チャクラが開くと、しぜんに開くものです。しかしこれは難事であり、腹中のトラウマ（広い意味の邪気）を退治して、みずおちの屈折した細い通路を通貫させねばなりません。もちろん、これは自然音楽セラピーをすれば、どなたでも志さえあれば、順序を追って開花するものです。

　さりとて、これとて、スムーズに坦々と事が運ぶわけではありません。天空人化への道には関門がありました。「準備期」から「第一期」へ。〈決断〉の関門です。これは愛のライフスタイルを自己の人生とするという意志決定です。これはもちろん胸チャクラ開花の合図となる絶対条件ですが。次に、二の関門があるのです。[表10]をご覧下さい。「d. 後頭 ⟷ 眉間貫通」9名（6％）と奇妙な項目があります。これは何か？（脳下垂体と松果体ルートの通貫現象です）。実は、脳下垂体は上昇する光と邪気をここで審問する所と申しました。光はここから頭頂（松果体を通って、光の門である頭頂）へ抜けます。ここのところ（脳下垂体→松果体ルート）は、みずおちと同じように細いルート、そして屈折もしているのです。おいそれと抜けられません。だからここを通過する光とは、本当の光（デクノボーのような本当の愛

の人の愛——光）ということで、通り抜けます。つまり選りわける（通り抜けさせる）ための屈折です。こうして天上への門（松果体チャクラ）は一歩一歩開かせられる手筈です。


[針の穴から、人体の柱は立つ]

　さて、自然音楽セラピーをすると、時間をかけながら、この道は広い道に——通り易い道になって、頭上の王冠チャクラ（松果体チャクラ）は開くのですが、中には上記の「後頭 ⟷ 眉間貫通」の操作（セラピー現象）を経て、半ば強制的に開通を助けられる人もいます。
　しかし、人がリラの響き発声を始めると、これとは別に、頭頂の穴は開きます。リラ呼吸法で（松果体の刺戟による成長で）次第に開きます。しかし、もしこの人が自然音楽セラピーをしていると、もっと早く開通させられるための援助（セラピー現象）を受けたりします。それが［表10］にある「e. 頭頂（針刺し）」です。（この表でみると、32名（23％）もいますね。）この針刺しで開通します。この針の穴、これが松果体チャクラのいわば種子です。これさえできれば、後はリラ呼吸法の修練でぐんぐん拡大（開花）を早めます。


## 6. リラは階層的に進歩する

[リラの気にも、通管にも、人体にも層があること]

このリラの穴が、鉛筆の太さになると、「リラの響き」の発声が可能となり、[図2]にあるように、眉間からリラの光が放射されます。これが人が出す癒しの気（植物や自然界が出す自然音楽に比するもの）、ないしは、それさえ越える可能性をもつ癒しの気です。

　さて、その進化図［図3］を見ましょう。これは人体の柱が順を追って拡大したことを示す図です。中の細いのは ①「リラの響き」、それを越えて ②「銀線リラ」、更に ③「生命の樹の瞑想リラ」、そして ④「プレシオス・リラ」です。ここまで柱はリラで拡大します。この次が ⑤「マカバ・リラ」で、これは次章で図示します。柱が、柱の形を越えたものになるからです。

[図3]

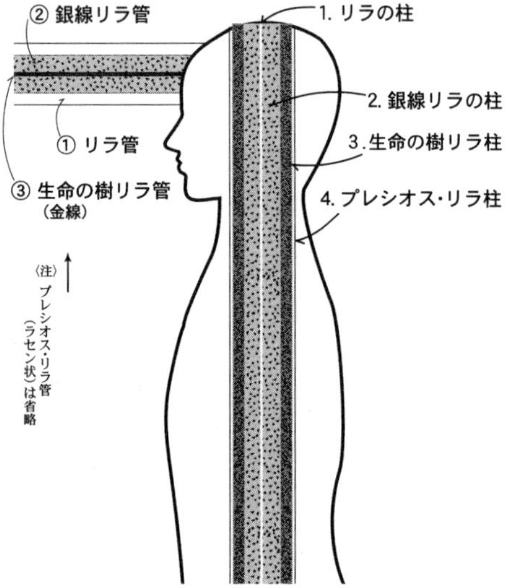

② 銀線リラ管
① リラ管
③ 生命の樹リラ管（金線）

1. リラの柱
2. 銀線リラの柱
3. 生命の樹リラ柱
4. プレシオス・リラ柱

(注)プレシオス・リラ管（ラセン状）は省略

　さて、①～④ の管は共存しながら、それぞれの役をいたします。なぜか？　これらはいわば次元の層をなしていると考えて下さい。たとえば、細いリラの響きの管には乳白色のエネルギーが流れていますが、銀線リラの管にはプツプツの点々が入っています。これは足下から地の神気（銀の粒子）が入ってくるのです。これに応じて頭頂からも銀の粒子が入り、これが管内で合流して、眉間から銀線（方向性をもった銀線の結集体）となって放射されます。これが銀線リラです。

　また瞑想リラでは、頭頂から金色の光が流入し、これが銀粒子を透き通りながら眉間から金線となって出ます。これが天の神気が入る瞑想リラです。

このように入る神気はそれぞれ違い、但し高位の気は低位の気を透過するので、同じ場所にありながら、そこでそれぞれの通管が出来ます。

ということは、この通管が通る私達の体はまた層で構成されているということです。見えない幾つかの媒体を重ねているのが私達の人体です。私は今までこれを、エーテル体とか精妙体という言葉で表現しておきました。

なお、眉間から放射されるリラの光の管にも、同じような層があります。但し、この層は柱の層構成とは逆になっています。しかし次元の違う層である点では同じです。

## 7. プレシオス・リラについて

### [プレシオス・リラの構造]

プレシオス・リラだけは特殊です。[図4]をご覧下さい。眉間から出る光はラセン構造をしています。一段拡大すると[図5]です。このラセンの長い管の中には7色（虹に似たカラー）の玉が入って美しく光っています。なお、ラセンには階段があります。ラセンは梯子の仕組みです。そして階段に当たる部分に美しい玉が付いていて美事です。人によって違いますが七

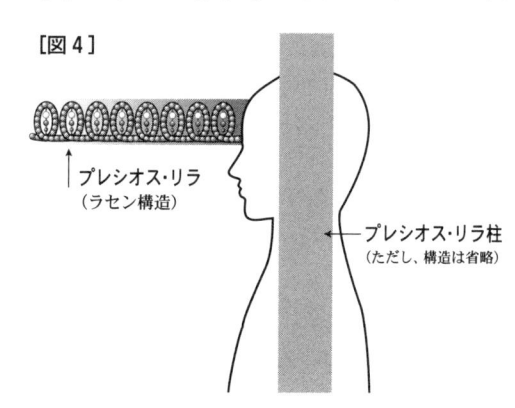

[図4]

↓プレシオス・リラ
（ラセン構造）

―プレシオス・リラ柱
（ただし、構造は省略）

色です。Aさんは（青・赤・黄）、Bさんは（ピンク・緑・黄）、Cさんは（緑・白・ピンク）、Dさんは（赤・青・緑）など色々です。但し第一色の玉は大きく、その色が人によって違うのは、その人の個性や仕事と関係しているようです。（[図6]を参照して下さい）。

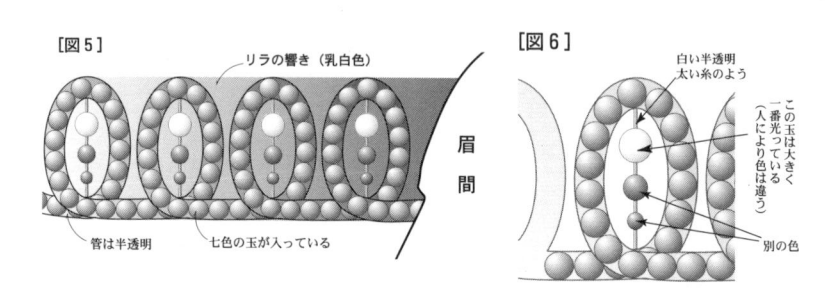

[図5] リラの響き（乳白色） 眉間 管は半透明 七色の玉が入っている

[図6] 白い半透明太い糸のよう この玉は大きく一番光っている（人により色は違う） 別の色

## [人体のDNAの構造]

しかし、これは何と、人体の細胞の中のDNAの構造とそっくりではありませんか。人の遺伝子を内包する細胞の染色体のDNAは二重ラセン構造をしており、これに梯子段が付いています。この梯子を塩基と呼び、塩基は遺伝子情報を内蔵しているものです。また塩基は4種（A、T、G、C）あって、これがAとT、GとCが必ず組み合って、この組み合わせ方の配列でいわば文字が構成されるみたいで、これを読むと（解読すると）人の遺伝子の情報が読みとれます。現在、ヒトゲノム（人間の遺

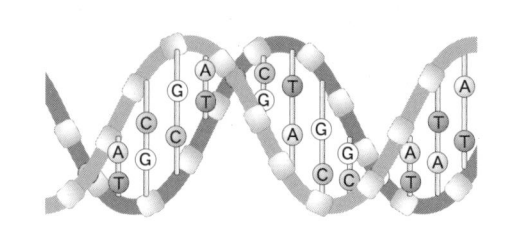

伝子・遺伝情報）の数は約10万くらいではないかと言われています。
　何と、何と二つの図を見較べて下さい。ラセンと梯子。塩基（遺伝情報文字）に当するものが、プレシオス・リラでは光の玉になっています。人により組み合わせが違っており。これは人体に内蔵される内奥の（本質的な）遺伝情報ではないでしょうか？


## ［遺伝子研究花盛り。危惧、そして希望］

　今、遺伝子研究が爆発的に盛んになっています。これは病気を起こす遺伝子を入れ替えたり、あるいは抑制（いわば殺）せば、すべての病気が消せる、という期待感もあるからですが、半面とても思わぬ危険もあります。たとえば遺伝子を殺す新薬が良い遺伝子まで殺す恐れはないのか、（そのため、人類の免疫性が根源的に失われるとか）（抗生物質が今、自分の力の及ばない強い病菌を生み出したように、眠っている恐い遺伝子の目を覚ますようなことは起きないか）。遺伝子導入が新しい遺伝病を起こさないか。生殖細胞をいじって、人類の子孫全体に取り返せない影響は起きないか。
　時あたかも、人体のＤＮＡと同じ構造のプレシオス・リラが発声されたのです。これは菌を「殺す医療」から「生かす医療」への転換に役立たないでしょうか。たとえば人類の遺伝子全体を活性化さすとか。眠っている良い遺伝子を呼び醒ますとか。実は人間のＤＮＡの95％はゴミなのです。ＤＮＡに塩基（文字）で書かれている文の95％が意味がないと考えられているのです。そんな馬鹿な事がありますか。眠っているだけです。現在の科学やハートで読めないだけで。もし、プレシオス・リラをこれに当てたら、「光の言葉」になって読めてくるのではないでしょうか。なぜなら、ＤＮＡの塩基の代りに、光球の組合わせで出来ているプレシオス・リラの梯子は、人間の遺伝子情報の原初記録なのかもしれないから。なぜなら、人間の見えない体（媒体）

から出て来る光球のつづりは（光の言葉）みたいですから。ですから、この声を発声したら、ＤＮＡに反響して、細胞の眠っていた「屑（くず）」とされる部分が思わぬ新情報となって蘇るのではないですか、突然変異みたいに。

　現に、その証拠らしいものがポツポツ出はじめています。歌手・青木由有子さんは1999年8月からプレシオス・リラの発声が始まりました。すると、突如、今まで経験のなかった作曲と作詩の能力が芽生えました。これが今、歌い始めた「リラ自然音楽」です。これは従来の自然音楽よりも、一段と高い癒しの力を持っています。何と、声がＤＮＡを目覚めさしたというわけでしょう。これに続いて、今やプレシオス・リラ発声者の中に、何かの天分を発揮する人が生まれつつあります。まさにプレシオス・リラは天分発揮リラです。


## ［未来に目を向けて］

　もし、プレシオス・リラが世界に広がれば、今の遺伝子研究と竝んで、人類の遺伝子を自然に活性化し蘇（よみがえ）らせるもう一つの道が生まれたことになります。これは悪い菌を殺す医療と竝んで、細胞を生かす療法が陽の目を見た事になります。まさにミレニアム的な出来事ではないでしょうか。

　プレシオス・リラは4番目のリラです。人間の進化は無限です。今、セラピー体験者の多くに、頭内変化と竝んで、腰痛・脚痛・足痛の現象が出初めています。これは頭頂チャクラが開花し、全身チャクラが球体化して、更に一体化への進行過程で起きる、頭外チャクラの開花現象で、これらの人々は次のマカバ・リラの階段に、一段一段と手をかけ始めています。

# 第4章

## マカバが人体に開く

### ⑷ 身内相関と人体相関

## 1. 九牛の一毛の変化

　全身のチャクラが開花し、それぞれが球状化し、遂に全身のチャクラは融合して、人体は一個のエネルギー体化する。これで人体の進化はストップするわけではない。人は小宇宙と初めから言っているように、大宇宙の中の一個の惑星と化する具合に、つまり小惑星は太陽をめぐり、太陽系がより大きな宇宙を回転する具合に、人体も宇宙とのつながりをもつ、一個の小惑星の仕組みに入る段階に入ります。

　これが人体のマカバ化です。マカバとは人の宇宙化、そこに居りながら人体が宇宙とつながるようになることです。もう少しむずかしく言うと、時間と空間を越えて、人体が存在可能な次元に足を踏み入れることです。宇宙と交信し（宇宙の英知をもち）、必要に応じて宇宙のエネルギーを地球に運び入れたりの能力も発揮できるように変遷を遂げることです。これは人の進化、人体の次元的変化です。

　それに合わせて、人体がマカバ機構を身に取り付けます。この機構の仕組みを狭義では「マカバ」と称します。宇宙空間を、時間空間を越えて（次元をこえて）飛翔可能な乗り物、という程の意味です。

## 2. 人体のマカバ化の順序

　では、卵の柱が、人体の柱に変化する（顕在化する）順序について申します。
　① 体外チャクラが、ポツポツ（七つ？　頭の上などにあるチャクラが一個ずつ次々に）開花。

② それと別に、体外にある二個の特殊チャクラ（名称を、かりにアルファとオメガと言うことにします）の開花。
③ アルファとオメガの連結で、融合チャクラ化した人体に「柱」が生まれる。
④ これに「マカバ機構」が取り付けられる。（内在の機構の顕現、〜赤ちゃんが、急にヒゲが生え、または乳房をもつ、この思春期の変化が自然で、目立つように全く同じに）。
⑤ 人が英知化し、天分発揮し、ただもっと謙虚な、良い大人になる具合に変化する。　（以上）

　ただ、少し違うところは、その人が居る所の周辺が（環境、人々、時には組織のあり方まで）浄化 —— 自然なテンポで浄化が進む。


## 3. マカバの機構（形体と働き）

　これを一人の人の形成過程をたどりながら図示してみます。例を、マカバ化した中の一人、B.Bさんの場合について見ます。（この人はやや敏感体質なのと、変化がメモにとれるほど記録できていたので）、その記録を引用します。

### [体外チャクラ開花のための準備段階]

**3月27日（平成12年）ヒーリング**

　2種類のエネルギーが体に入った。左の手足先から白い霧状のエネルギー

入り、右の手足先より出た。次に、頭頂から透明な光のエネルギーが流入、先ず左半身に広がり、続いて右半身へ（主として胸及び丹田あたりから）広がり、全身へ広がった。

　頭の膨張感あり、また頭から足下へ管が通る感覚が強い。（注、脳内の進化が進み、つまり体内チャクラの球状化に伴う、全身チャクラの一体化・球体化が進んでいることを示す）。

　更に全身にシビレ感強い。それは腰下部・太もも・膝・すね・足いったいに及んでいる。（注、これは初めのエネルギー流入で一つには脳内進化を促進させつつ、他方では腰・脚部に作用して、これに対応する体外チャクラ開花への能力をつけさしつつある証拠、そのための現象。もう一つシビレ感は、本人にヒーラー的能力 〜 換言すれば、他の人の汚れを浄化してあげる浄化槽能力を与える時に起きる現象でもある）。

### 4月22日　ヒーリング

　朝から免徐現象（ヒーリングの前に起こる反応）あり。右頭部痛。それが消えて左頭部痛。

　ヒーリングに入る。すると今日は3種類のエネルギー流入。先ず、左頭部上から透明なエネルギー入り、左鼻脇からも透明なエネルギー入り（花粉症的症状が治療された感じ）。次に、いつもの白い霧状エネルギーが左手足先より流入。これで免徐から続いた頭痛が消えると共に、何と体が風船のように外部へ 7〜8cm も膨らんだ感覚と共に、自分は遠い星から下界を見ている気持で、心のわだかまりが一切消え、終わって凄い深い安心感に包まれていた。

　上記の間に、ひどい全頭痛、後頭部が押され、頭に膨張感あり、頭 ⟵⟶ 足下に管が通る感覚強い。（注；脳内進化と、全身チャクラの球体一体化進展）。

　更に、全身のシビレ感（腰・脚・太モモ・すね・足）。（注；体外チャクラ

の開花への能力アップ)。

### 6月5日　ヒーリング

　いつもの白い霧状エネルギーが左から入り全身をめぐり、丹田にたまる。それと共に右手足先からそのエネルギーが上昇しつつ全ヒーリング場を満たすようだった。
　（注；この日、第3編で記したヒーリング場での浄化槽現象があり、B.Bさんも自ら体験しつつこの状況を敏感に感知していた）。
　上記現象の後、最後に頭頂から透明な光エネルギーがシビレるように流れ、全身が熱くなり発汗した。そして頭の膨張感、また頭 → 足下に管の感覚、全身に足までシビレ現象があった。

### 6月12日　ヒーリング

　この日のヒーリングは、前回と同じくヒーリング場での浄化槽現象があり、B.Bさんも体験したが、今回は前回よりも一段と大規模に浄化（来ている人々の浄化、その身辺者の浄化、併せて地域の浄化と思われるところまで）が進行した。それはクラブ員各自の浄化力のアップと、その日に2名の浄化槽役を役割とする天分をもつ人がヒーリングに参加していたこととも関係があると、B.Bさんはその時に感じた）。
　この日の現象は、ひどい全頭痛、頭の膨張感。（注；いよいよ脳内進化と共に全身チャクラの球体一体化は進展したものと思われる）。


## [① 第1の段階 ── 体外チャクラの開花]

### 7月15日　自宅での反応

早朝から、ふくらはぎの激痛とけいれんに苦しむ。今までは片足のけいれん痛は時々あった。それは10分位でおさまった。今回は違う、両足とも引きつりと激痛、15分くらいで終わったが、後は足が麻痺して立てない。

3時間して立てたが、立ちくらみと、全身のシビレ感つづく。

その後、後頭部が頭上20cmくらいまで痛み、この時、吐き気。夜9時までこの状態つづき、食欲なし。

（注；ひどい足のけいれんは体外チャクラ開花の準備。それがこの日頂点に達した。即ち後頭部上方20cmにある一つの体外チャクラ開花が始まりかけた。嘔吐感はこの急激な変化に体がついていけないためもあるが、もう一つは進化によって、自己以外のもの ～ たとえば他者の汚れ、更には人類の汚れの部分を浄化する浄化槽役割の時もある。とにかくB.Bさんの体外チャクラ開花がこの日から始まった）。

### 7月16日　自宅での反応

早朝から、また後頭部が頭上へかけて痛む（ひどくはない）、ただ膝から下方が痛む。なお、何と、体の周囲10cmくらい外部まで全身シビレ感（但し、頭上は20cm、足も足裏から下10cmまでシビレ感）。

午後になって、後頭部が頭上20cmへかけて激痛。3時間でおさまるが、それを繰り返す。膝から下のシビレ感は強く、自分では何ともコントロール不可能。

（注；いよいよ体外チャクラが開花した、後頭部上方20cmのチャクラが。これは膝から下の痛点と対応している。なお、肉体外部10cmまでシビレ感をハッキリ感じることは通常はあり得ない。それが体外チャクラ開花と併行しているということは、体内チャクラが融合して、全身が肉体を張り出して球状エネルギー一体化したことを暗示している）。

### 7月17日、18日、19日、20日、21日　自宅での反応

この５日間、体がだるい日もあるが、おおむね元気に仕事。日によって全身にシビレ感あり、頭部痛あったり。特に19日には頭上20cmから足下10cmまで柱ができて、透明な高位エネルギーが激しく流れた。

　ただこの５日間で際立っていたのは、浄化槽の役を毎日したこと。それは近隣の人であったり、知人たちであったり、またそれとかかわる見知らぬ人達であったり。時には夢で悪夢のようにそれらの人の顔が浮かび、怨念を語り、繰り言を語り、果ては懺悔までしたり。その間B.Bさんは、時に吐き気があり、原因もないのに下痢をしたり、その割りに体は元気で、それらの悪夢が終わるとスッキリしていた。

　　（注；常識的には極めておかしな現象だが、事実だから記す。自然音楽ではセラピーでも自宅反応でも、巻戻し現象、即ちストレスやトラウマの再現と、それ以後の浄化がしばしば自然に起きる。浄化槽とは、他人のトラウマやストレスを代って浄化排出してあげるお手伝い現象。それは本人の浄化が進むと（即ち、本人の進化によって）起きる現象。B.Bさんは体外チャクラ開花まで進化（浄化）が進んだので、自然に地域、知人、また人類の一部分の浄化槽役がこの数日間つづいた、と解釈される）。


## [②第２の段階 ── アルファとオメガ二つのチャクラ開花]

### 7月22日　自宅での免徐、ヒーリング

#### 自宅での免徐（準備反応）

　昨夜からずっと今朝も、下半身がシビレる、全身だるい。この日２時半からヒーリング、その前になると前頭の右半分がひどく痛む。

#### ヒーリング

　① 先ず全身がシビレ始める。頭上から足下へ透明なエネルギーが流れ続ける。② 頭の上方20cmの部分が痛む。しばらくすると ③ 両膝の間の少し上の

部分が痛んだ。この状態がつづいた後、④ 上記②と③をつなぐ管が出来るような感じになった（[図12]参照）。

　（注；頭上20cmの部位にあるのがアルファ・チャクラ。両膝間の少し上（股下約20cm）の部位にあるのがオメガ・チャクラ。まさに両地点が痛んだということは、この二つの特殊チャクラが開花したということ。ここに至る数日間さかんに浄化槽役をしたということも関係がある。というのはこの両チャクラは人体の柱の拠点であるだけでなく、見えない体（何層もの媒体）を一枚岩に綴じる押しピンの役もする。即ちこの一枚岩が出来ると胸にある光の発電所からの光が肉体に直通し、ずっと浄化能力がアップできる。この数日でこの作業が進行し、目出たく両押しピンが接着された。これはつながると人体のバックボーン（柱）を形成する。その日が接迫している）。

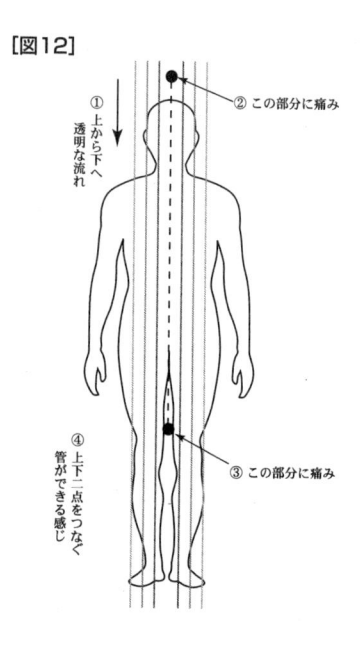

[図12]
① 上から下へ透明な流れ
② この部分に痛み
③ この部分に痛み
④ 上下二点をつなぐ管ができる感じ

## [③ 第3の段階　アルファ・チャクラとオメガ・チャクラの連結（人体の柱）]

**自宅反応としての準備**

7月24日は全身だるく、膝下にシビレ感あり、体は熱っぽく一日中横になっている。7月26日も全身だるく、膝下がシビレ、具合い悪し。前頭部の左側がズキズキ痛む。(注、全身に通管の準備進む。特に前頭左部の痛みは、7月22日の前頭右部の痛みと関係がある。アルファ・チャクラは頭頂中心よりも5cmほど前額部寄りの上方20cmにある。いよいよ建築でいえば上棟式、中心柱が立つ、膝下シビレも土台基礎固め)。

### 7月29日 ヒーリング

アルファ・チャクラとオメガ・チャクラの接合は次の順序で進行した。ヒーリングに入ると、① 頭の前頭部とその頭上部へかけてシビレるように痛い。② 右足のアキレス腱の両側部の痛み、③ 右の太ももの上部が痛む、④ 腰の下部の強い痛み。しばらくすると、⑤ 全身がマユ玉(玉子型)のシビレのカプセルに入っているようだった。すると、⑥ 頭頂上20cm(アルファ・チャクラ)と両膝間の上部10cmの部位(オメガ・チャクラ)がハッキリ接合したように感じた。後は眠ってしまった。

## [④ 第4の段階 ──「マカバ機構」の取り付け]

### その後の自宅での状況(マカバ取り付け準備段階)

7月29日帰宅後、全身だるく、両ふくらはぎがシビレて痛む。7月30日、全身にエネルギー充満、気持ちがとても前向き。但し、鼻水が多量に出る。7月31日、心身ともに元気。頭部がやや重い感じで痛む、それと両ふくらはぎに痛みシビレ感。

### 8月6日 マカバ化開始。

この日、マカバ機構が着装されつつあるのを実感。その着装に至る順序も

体認した。

① アルファとオメガのチャクラが開発されると、二つが結ばれる。（[図13]）

② すると、人体のまわりに玉子型のようなもの（マユ玉）が出来る。（[図14]）

③ それと✡が合体する。（合体するというより、元々人間の内部にあったもの（✡）が出現して、一体となったという感じ）。（[図15]）

[図13] 約20cm アルファ・チャクラ 約20cm オメガ・チャクラ

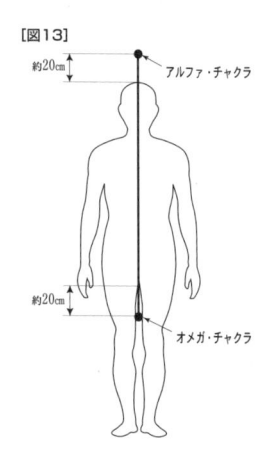

[図14] 人体のまわりにできたまゆ玉

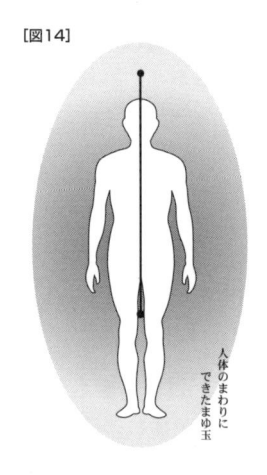

[図15] ✡が出現して合体

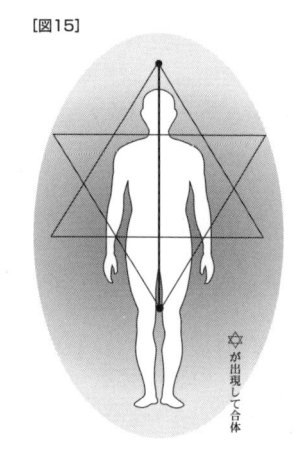

〈B.Bさんの感想〉

　これらが組み合わさると、全体は一個の原子か分子のように、凄いエネルギーで回転し、どこか遠くへ（宇宙の果てまでも遠くへ）飛んで行くような

四. 人間はどこまで進化できるか

様子。✡も回転していて、肉体はここにあっても、中味はどこかへ飛んで行ったという感じがする。

### 8月28日、「マカバ機構」完成の確認

この日、プレシオス・リラ発声者○○名が集合。この中に既にマカバ着装者が6名確認された。B.Bさんはこの6名を見較べて、「マカバ機構」が同じものが6人にある事を確認。また回転の様子、自在な変化の様子も同じである事を確認した。それは下記のようだった。（注；全員がリラを発声したり、休んだり、歌を歌ったり、それによる変化が確認できた）。

① マカバ着装者がリラの発声を始めると、先ずプレシオス・リラが眉間から出る。すると（30秒ほどして）胸の部分が六角の星形に光り始める。（[図16]）
② 六角の星形の光は拡大する（光りの拡大）（[図17]）
③ アルファとオメガの二つのチャクラが光り始め、通管（柱）が出来る。それと同時に、胸チャクラの星形の光は、更に更に拡大し、[図18]のようになると拡大は止まる。

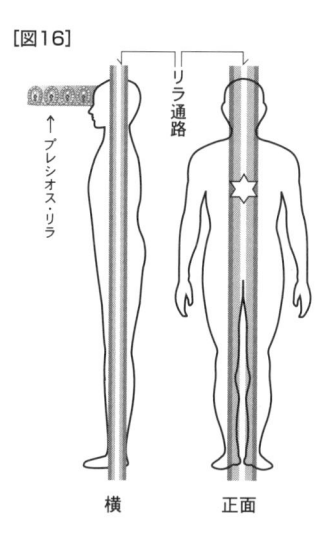

[図16]

横　　正面

[図17]

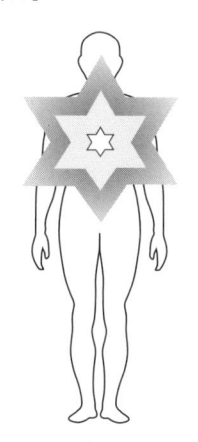

胸の✡の光の拡大

すると玉子形のマカバが出来る。（この段階で、両足の膝下と両腕の肱から先がシビレてくる）。

④ すると、星形の光✡回転を開始し、拡大する。同時に玉子形のマカバも拡大し円形となる。回転する✡は円形マカバと一体化し、凄いスピードで回転する。そのため球体化する。（[図19]）

　（注；この頃には、プレシオス・リラ〈ラセンの光〉は殆んど見えない。でも眉間から出続けていてマカバの形成を促進しているらしい。ただ全体が球体となり一個の分子のようになるので、見えない）。

⑤ 更にリラが進むと、球体は拡大し、その直径が身体の3倍くらいになる。するとさながら虹の光のオーラのように見える。ただ元の球体の方は素材感が感じられる。（[図20]）

　（注；A.Yさんがリラを中断して、ピアノ伴奏を始めたら、大きなオーラ型の球体は消えていき、人間の体をかこむくらいの球体となり、激しい回転は止まって、眉間

[図18]

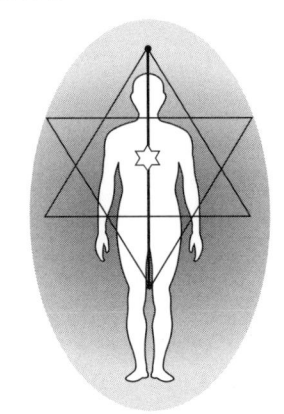

① アルファ、オメガ両チャクラ光る。
② 通管できると共に、胸のチャクラの✡型の光が更に拡。
③ この図の大きさまで拡大すると、拡大止まり、マユ型のマカバができる。

[図19]

✡の光は烈しく回転して拡大し、するとマユ玉も拡大して球体となる。✡は球体と一体となって回転しつづけ、全体が一つの分子のようになる。

四. 人間はどこまで進化できるか

からはプレシオス・リラが出ており、素材感のある球体（マカバ）の中で、人間が動いているようになる）。

　（注；再びA.Yさんがリラをすると、回転と拡大が始まり、人の身長の3倍くらいにまでなる。こうして発声されるマカバ・リラは一人で、プレシオス・リラの10人分以上の高いエネルギーを放射しているようで、場全体を光らせ、エネルギーの磁場（次元）をアップさせるようである。）

[図20]

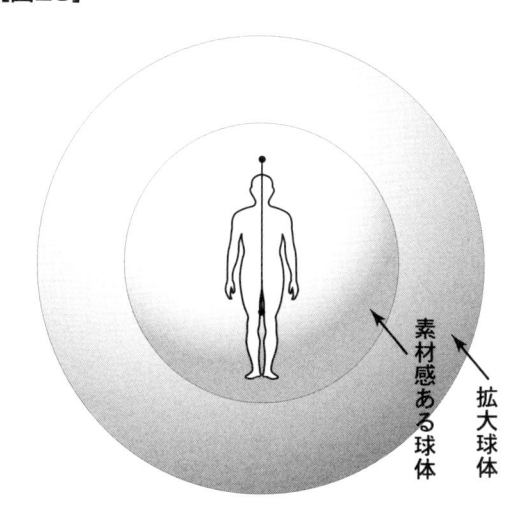

素材感ある球体
拡大球体

球体は直径が人体の3倍くらいになり、
虹色の光のオーラのように見える。

## （付）身内相関と人体相関について

### 1. セラピーでは、癒しが他者に伝染する

　アンケート集計表［Ｂ面］の5をご覧になれば分かるとおり、「相関現象」のあった方は、58名（41％）です。相関現象とは、鎌倉の研究所でセラピーを受けたら、もちろん本人に色々な現象や反応が起きますが、何とその現象（反応）がセラピーを受けない身内の誰かに起こったり、時には遠方に居る知人にまで起こったりする事があります。このセラピー現象（反応）の他人伝染のことを相関現象と呼んでいます。なぜ起こるのでしょう？

　既に、第一編で6例をあげて説明いたしました。この相関現象が今回のアンケートでは、何と41％の人に起こっていたことが判明しました。こころみに第3編の前回アンケートで見た、セラピーを受けた本人の改善率と比較して下さい。［表3］をもう一度転記します。［表3］ではセラピーを受けて改

善効果があった人は82％です。だが［表12］では、自分がセラピーを受けたら、遠方にいる自分の身内や知人に、セラピー効果が何か及んだ、と答えた人が41％もいるのです。これはセラピーで効果があった本人82％の丁度半分の数です。何と、自然音楽セラピーでは自分に良い効果があるだけでなく、セラピーを受けていない身内や知人にまで、良い影響が波及するのです。なぜこんな事が起こるのか、本当か？　本当です。アンケート結果がその事実である事を教えているのですから。この他者伝染は、他の西洋医学にも、東洋医学にも、他のどんな療法にもない、自然音楽セラピーだけにある大特色ではないですか。なぜこんな事が起こるのか？

［表3］心身改善者（前回アンケート）
〈全改善者 82％〉
その他 18％
精神改善者 40％
身体改善者 21％
精神と身体改善者 21％
身体改善 42％
精神改善 61％

［表12］　今回アンケート
相関現象体験者数
41％
(58人)

　その理由は、第一編で次のように仮説として述べておきました。「人間には目に見えない媒体があるらしい。媒体も粒子（細胞や原子のようなもの）で出来ていて、ＤＮＡに当たるものがあるとすれば、それは時空を越えて反応影響する筈（目に見えない媒体は物質次元を越えて作用し合うから）。この仮定が成り立つなら、物質肉体としては別個の他者にも、身体的また精神的に影響が及び得る」と。

　さて、ではどんな影響ないし改善を与えたか、アンケートの回答を更に紹介します。

## 2. 相関現象の中身をのぞいてみよう

### どんな影響が相手に及んだか …… 計71例

1. 病気の改善・体質の改善
　　　────── 13例（18％）

　内訳
　・健康になった ………………… 3
　・血圧改善 ……………………… 2
　・胃潰瘍の改善 ………………… 1
　・その他の病気改善 …………… 3
　・食品の嗜好変化 ……………… 3
　・煙草が喫えなくなった ……… 1

2. 性格・人間性の改善
　　　────── 32例（45％）

　内訳
　・優しく穏やか ………………… 12
　・明るく前向き ………………… 7
　・良い人になった ……………… 6
　・安定感が出た ………………… 5
　・当人の対人関係改善 ………… 2

3. 浄化現象、何かの反応現象　　26例（37％）

　a. 自分のセラピー時間中に、相手にも同じ現象起こる ………… 1
　b. 自分のセラピー時間中に、相手にも何かの現象起こる ……… 5
　c. 自分がセラピー受けると、相手にも同じ現象起こる ………… 4
　d. 自分がセラピー受けると、相手に何かの現象起こる ………… 16

（注）セラピーを受けた当人（相関現象体験者）は58名ですが、反応は複数に及んだ場合もあるので、計71例となっている。

更に、この影響が誰に及んでいるかを次に見てみましょう。

### 影響は誰に及んだか …… 計86例

| a. 子供に ………… 28（33％） | e. 義理の父母に … 2（ 2％） |
|---|---|
| b. 親に …………… 20（23％） | f. その他親族に … 8（ 9％） |
| c. 夫に、妻に …… 20（23％） | g. 友人に ………… 5（ 6％） |
| d. 兄弟姉妹に …… 3（ 3％） | 計　　86　例 |

（注）一人でセラピー受けても、影響が子供、親、夫など複数に及ぶことがあるので86例となっている。

以上で見ると、「親子相関」が56％（親から子へ33％、子から親へ23％）で一番多いですね。次が「夫婦相関」が23％。その他「身内相関」12％（兄弟姉妹3％、その他の親族9％）。その他「血縁外相関」8％（義理の父母2％、友人6％）。もしも血縁外に夫婦も入れたら、31％になります。つまり何の血のつながりがなくても人間は何かの「縁（きずな）」があれば、個としては別個の関係でも、精神と身体に影響を及ぼすことが出来る。これは厳然たる事実です。自然音楽セラピーでその証拠が（肉体と精神に）出ているのですから。人はつながっている。では、アンケートの中から、つながり（絆）を示す面白い例を3つ紹介します。

[表13] 相関図

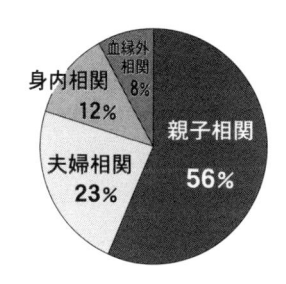

親子相関 56%
夫婦相関 23%
身内相関 12%
血縁外相関 8%

## 3. 相関現象の実例3つ

### 例1　[H.Mさん（東京・女性・20歳）の報告]

　「2月1日（平成12年）に丁度、私がヒーリングを受けていた時間帯（その時、私はひどく寒気と鳥肌が立って眠られなかった）頃から、祖父の様子がおかしくなったらしく、呂律が回らなくなり、ひどい熱を出したらしい。（祖父は丈夫な方で、多少風邪をひいても熱を出したことは、私が生まれてから一度も見たことがなかった）。その時、祖父は言葉もしばらく忘れたらしい。余りにひどい熱だったので、母や祖母が看病していたが、その時、あ

の祖父が涙を流して「ありがとう」と礼を言ったという。祖父の性格のひどさは一言ではいえないが、私も幼い頃から祖父のひどい言動を見てきて、やはりどこかで祖父を嫌っていたと思う。そんな祖父からは考えられない態度だったので、それを聞いた時は私は思いきり泣いてしまった」。

　(注；本人のヒーリング中、ひどい寒気と鳥肌とは、体内から心身の毒素の排出作用を示す。これに相関して頑固な祖父の性格が溶け出した、という報告。祖父と孫娘の相関現象。よくヒーリング中に、実家の母とか父が急に発熱したという報告は折々ある。それで頑固な性格が溶け始める。それを重ねてスッカリ別人になるという事がある。次の一例も、上記のような発熱現象も折々あって母が変化したという例です)。


### 例2　[M.Aさん(神奈川県・女性・29歳)の報告]

　「姉とは気分とか眠気とか、とにかく気持ち悪いぐらい一緒になる。(注；片方がセラピー受けると、他方にも同じような現象が起きるという意味)。母は私の友人が口を揃えて皆、人が変わった(昔は厳しく恐く、いつもイライラして周囲にあたったり、暴力も頻繁　→　それが今、時々イライラするが別人のように穏やかでやさしい。「お金」「自分が先」が口グセが「他人も大事にしないと」「心も大事」と言うようになった)」。

　(注；何と人は変わるものでしょう。「お金」から「心」へ、粗暴から優しさへ。こんなに価値観や人間性が変化するものでしょうか。それが娘が実家から遠い鎌倉でセラピーを受けるだけで)。

　しかし、これは事実です。上の二例はどちらも性格(精神)の変化ですね。今度は体質の変化の例を紹介します。


### 例3　[N.Nさん(福岡県・女性・35歳)の報告]

「家で自然音楽ＣＤを聞いて半年ぐらいの時に、主人がインフルエンザにかかりました。２～３日発熱が続いたのですが、熱が下がってから、長年ヘビースモーカーだった彼が、パタッと煙草を吸えなくなったのです。本人も"味覚が変わった"と言っています。隠れて何度も吸ってみたが、口の中が気持ち悪くなって吸えないそうです」。

　（注；たまたまインフルエンザになっても、煙草が吸えなくなる事は通常ありません。直ると元に戻ります。だから禁煙はとても難しいのです。自然音楽セラピーでは「風邪症状」は付きものです。身体浄化と精神レベルアップの節目に起こります。このご主人はクラブ会員ではありませんが、奥さんのセラピーでの相関現象、それに家でＣＤを聞く効果で嫌煙が突発したのです。風邪症状を伴いながらその効果で）。

　同じ現象はクラブ会員には当然起こります。次の実例と較べてみて下さい。

### 参考例［W.T氏（広島県・男性・38歳）のセラピー体験報告］

「自分の場合、（セラピーを受けて）特に肉体的変化はありません。でも今まで一度だけ、喫煙を止めようと決めた時だけ、決めた翌日から原因不明の発熱（38度くらい）があり、３日間くらい起き上がれませんでした。その間喫煙する気力も体力もなく、おかげ様で喫煙しなくなりました。まるで禁煙を後押しするかのような不思議な体験でした」。

　（注；体質改善ですね。その原因は発熱（一種の風邪症状）です。これは精神の一段ランク・アップ現象でもあるのです。W.T氏はこの文にこう付け足しています。「精神的にも大きな変化がありました。それは、自分は幸福だと思えるようになったことです」と）。

# ［結語］

## ［媒体と肉体の遺伝子の共鳴］

　これから結論に入ります。

　自然音楽セラピーでは、癒される人が人を癒します。人の本質は「癒すもの」ですから。今、人類が失ったこの本質を取り戻すには、寝て音楽を聞きながら癒される人が、同時に癒す人になること、この他に方法はありません。それは丁度、母の子守唄を聞きながら育つ子供が、母の姿を見て、人を癒す人（自然人）になるのと全く同じことですから。自然界（母）が歌う子守歌をＣＤに録音して万人が聴けるようにしました。寝て聞けば一番効果が上がるように、人が赤ん坊の姿をとれるように致しました。これが自然人創出の原理です。

　上の３例では、寝て音楽を聞く人が、一人は祖父を癒し、一人は母を癒し、一人は夫を癒しました。なぜこんな事が出来るのか。人は皆 源（みなもと）でつながっているからです。

　宮沢賢治は「みんなむかしからのきやうだい」と言いました。その通りです。一個の受精卵から人体が作られたように、そのように一個の受精卵から人類が創られました。だから同じ遺伝子（ヒトゲノム）を、その肉体細胞に皆が持っています。また、見えない媒体にも持っている筈です。遺伝子工学で遺伝子治療は発達いたします。でも危険なのは、良い遺伝子を殺すことです。そうなったら人類は元も子もありません。生かす医療がこれからの医療

にならないと人類は危いのです。それには媒体の遺伝子（これには医学の手が及ばないので安全なのです）を使って、肉体の遺伝子を活性化させる、方法が樹立できれば一番です。

　上記3例の3人はそれをやりました。祖父は遠くに居ましたが、突然気心に変化が起こったのは、この時、孫娘の遺伝子に変異を起こしたので（このとき本人はひどい寒気を覚えていて）、祖父の遺伝子にも突然変異が起きたのです。伝染性これが媒体の特徴です。なぜなら、エーテル質、アストラル質、メンタル質（三層の媒体があります）は、それぞれ独立しながら、互いに連繋もとれるように、粒子と粒子が伝染性をもつ波動で出来ています。

> （注；現代量子論では、素粒子は粒であり波動であるとされる。故に、素粒子で構成される物質は粒子の固まりであると共に、波動であるという「物質波」の思想がある。物質がそうなら、ましてエーテル質媒体はそうである筈。いっそう精妙な波動であり得る筈。）

　今、孫娘の変異は祖父に伝わります。祖父のエーテル質の粒子の変異は、本人の肉体の遺伝子変化にすぐ反応させることが出来ます。なぜなら見えない媒体の方が、肉体の原型になっているからです。こうして、媒体にひきおこさせる変化は、知人でも、もちろん親子でも、「縁」（人と人との何かのつながり）があれば、すぐ甲から乙へ伝染させられて、乙の肉体の遺伝子の変容へ移し替えられます。自然音楽セラピーでは、その癒しの手が見えない媒体にまで及ぶことが出来るので、上記の癒しが可能なのです。


## ［未解明の視床にキーポイントあり］

　本人の気質の変化、肉体の変化、どちらも間脳の「視床」に源がおかれています。ここは原始脳です。生命の卵からスタートした時の記憶から、今日

までの一切の記録貯蔵所です。自然音楽（母なる子守唄）はここへ反響させます。人はまたこの箇所でこの歌を聞きます。だからセラピーで理由なく多量の涙を流す人は、ここで懐かしさで泣いているのです。

　また、視床から（視床下部から）下へ出ている突起は脳下垂体ですが、ここは視床が肉体を視る目です、（「脳の図」参照）。だから自然音楽に反応すると、この目が見た反応の分量の割合いにおいて、全肉体へのホルモンの分泌を命じます。ですから脳下垂体は、全内分泌器管の総司令塔なのです（但し松果腺と胸腺を除いて）。

　松果体は間脳から一歩はなれながら、上方に第四の目を持っています。この目は人が天上を見る目（高位宇宙精神と交流する目）です。もし人が松果体チャクラを完全開花させれば、この第四の目を使って高位の宇宙情報を取り入れることが可能となります（これを英知と言います）。マカバ人とはこの英知の目が開かれた人です。また宇宙エネルギーを部分的にですが併せ持つので、人を動かす力が普通人よりも百倍くらい強くなった人です。これがこれからの地球の人の常態となりましょう。それを今、自然音楽セラピーでは実験的に創りつつあります。

　自然音楽セラピーをすれば、82％の人が体か心が癒されます。そしてこの人の41％の人が他者を（縁のある人から）癒していきます。これを連鎖させれば、地球のすべての人が癒されます。寝て音楽を聞くことで。


## ［二つの音のコズミック・ハーモニー］

　リラの響きは人が出す自然音楽です。自然界の音楽と違うところは、人が自由意志で、愛の人になる決断をして、その心の要素を音の中に乗せていることです。この真似は人にしか出来ないので貴重です。人は「気付き」で進歩します。気付きは苦労をして身に着けます。ところがリラの響きは人が決

死（ライフスタイルを変える意志表示は、過去の自分を捨てる死）の心を、リラの音に乗せて、人の視床部に反響させられるので、同じ卵が分かれた兄弟の人類には、「気付き」を起こさせるに足る条件を与えます。人は「みなきやうだい」で連鎖していますから。ですから「リラ」と「自然音楽」を組み合わせるとき、母の子守唄と人間の決断の二つの組み合わせとなり、人を癒し気付きを生んで、進化をすすめる妙薬となるのです。自然音楽セラピーではこれをやります。人類進化をすすめて、すべてをマカバ人とするために。

　上記3例のうち、夫が喫煙を止めた例と、母が変わった例は、セラピーを受けた人の連鎖反応でした。本人でなくても、気質が変わり体質が変わります。自信を持って下さい。人は自分ですべてを変えられる者です。もし人が自然界をいのちを一つにして生き、愛（共生と共栄）のライフスタイルに生きる決断をもつなら、その人は自然音楽セラピーを受けている当人と全く同じ事を、自分の視床に直接的に反響させているのです。これですべてが変化いたします。「自然音楽セラピー」は、そこまで人が自分で自分の事をするようになるまでの、経過措置です。


### ［科学界の一部の方々に期待を寄せる］

　しかし、科学がこの単純な上記の原理に早く気付くことを念願します。人が自然をいのちとして生き、愛（共生・共栄）のライフスタイルを志として生きること。これだけで自然治癒力とマカバを身に付けた全人類に変わります。これを早く科学が突きとめて貰いたい。それは自然音楽セラピーに、もっともっと科学が注目して、分析し、研鑽（けんさん）するところから始まります。遺伝子工学革命やIT革命を手放しのままでやると、今の「性悪」のままの人がこれを使うので、やがて地球は性悪人がこれを支配して、地球も人類も滅ぼします。人が本来もっている「性善」を回復させながら、いろいろな科学の

革命を進めなければなりません。手近かに、人が本性の「性善」を取り戻せる方法が存在しています。寝て音楽を聞き、楽しく歌う自然音楽セラピーです。万人に出来る、万人が変わる、手近かな方法です。科学はこれに目をつけてから、いろいろな革命をやるべきです。「お金儲けの科学」から、「精神を大事にする科学」へ、もう踏ん切らないと、金では買えないマカバ（天へ昇る羽衣）を失って、地球を壊すバカを見ます。この選択が出来る一部の人からミレニアムがスタートします。

　選択とは「金か精神か」、そこからしか始まりません。私が第2章で述べた、人の「準備段階」（精神の選択）のステージに、いま人類全体が立っています。「$\overset{\text{ゴー}}{\text{GO}}$」の選択をする一部の人が、地球をマカバ人の文明のミレニアムに水先案内をするでしょう。

〈追記〉

# 量子論との接点が見える

〈リラの扉を科学が叩く日?〉(資料;B.Bのメモと原図)

[マカバ・リラに変化が見えた]

　この稿を書き終えたところ、B.Bさんが面白い観察記録を寄せてきました。
　9月17日(この日は東京で小コンサートがありました)、そこで歌手のA.Yさんが歌い始めると、眉間からプレシオス・リラの光(二重ラセン構造の波動)が出て見えました。何と、ラセン梯子の塩基(遺伝情報文字)にあたる部分の光の玉が1つ殖えて4つになっていました。
　以前は、ピンク・黄・白の3つだったのに、これに青が加わって、ピンク・黄・白・青の4色でした。これで、この玉は3つに固定されているのではなく、殖えることが分かりました。ここでB.Bさんはもう一言、追記しています。
　数日前リラをしているY氏を見ていたら、新しい発見をしました。何と、Y氏の玉は7個なのです。それまでは、見ても全体が金色に光ってハッキリしたモノが見えなかったのです。実は7個・7色だったのです。緑・黄・ピ

ンク・白・青・赤・紫。7色だと一つになって金色に見えるようです。

　B.Bさんはこう付け足しています。太陽も7色、虹も7色、でもそれは紫・藍(あい)・青・緑・黄・橙(だいだい)・赤なのに、プレシオス・リラの7色は白とピンクがあって、藍と橙がない。違っている、でも7色。

　　〈山波の注〉これで、プレシオス・リラの玉は7個、その色は青・赤・黄・白・緑・ピンク・紫の7色であることが判りました。そして進化につれて、数は殖えていく、玉の色の配列は人により〜個性と役割で〜違っている。玉3個になるとマカバ体を形成し始める。7個になると全体で金色の光になる)。

更にB.Bさんのメモは続きます。A.Yさんの歌が進むと、A.Yさんはマカバ体（球体）となり、声はマカバ・リラの声になり、彼女はその球体の中で歌っていました。すると、何と、プレシオス・リラの塩基の光球たちがラセンから放れて、このマカバ体（球体）の中をグルグル自由にシャボン玉のように回転し始めました。マカバ体そのものも回転

**[図8] マカバ・リラ体（球体）の構成**

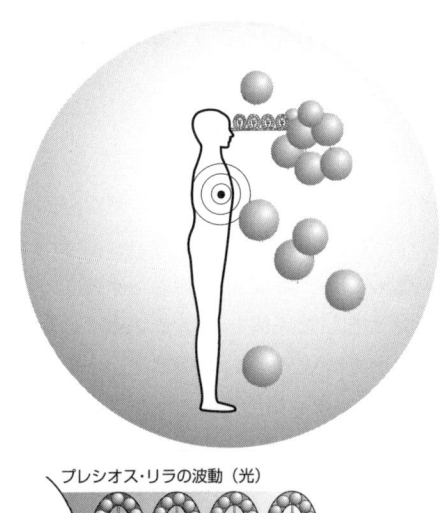

マカバ・リラの中心部（胸の✡）は物凄い勢いで回転する。中心から水紋が広がるようにマカバ球体が出来る。（この間、拡大した✡が出現するが、回転烈しくて見えなくなる）。マカバ球体（身体の三倍直径）は胸の✡と同質で、虹色めいた白色で回転している。やがてプレシオス・リラの玉（ラセン管の玉でなく、梯子の玉）が、マカバ球体の中をシャボン玉のように自由運動して動く。

プレシオス・リラの波動（光）

眉間

この玉は人により色が違う。数も違う。この玉が浮遊運動する。

ラセン管の中には七色の玉がある。（プレ・リラ発声者全員）

-206-

四．人間はどこまで進化できるか

しており、その中で光球たちも美しい色で自由に動いています（[[図8]] 参照）。

[B.Bさんが科学に目を光らせてみたら]

　そこで私（B.B）は気付きました。マカバ・リラ、これはもしかしたら宇宙創世の時の姿ではないかと。量子論では、宇宙の始めは、陽子や中性子、原子核もまだ組成されずに、クオーク（極微粒子）がバラバラに動いていたと言われるが、これはまさにそれではないか。するとリラの響きと現在の量子論とは、ドッキングできる接点があるのではないか？

　何よりも、眉間から放射されるリラの光は波動でありながら、おびただしい粒子群でもあるのだから。現代量子論では、光は波でもあり粒でもある、つまり「すべての素粒子は波動でありながら粒子である」このボーアの相補性原理が一つの定説となっています。リラの響きはまさしく如実にこれが事実であることを目に見える形で示しているのではないでしょうか。そしてこのリラが多くの人の人体から眉間から日常的に放射されています。ここに現代物理学とリラや自然音楽との接点がありそうです。いえ接点以上の何か、もっと解明されたら色々な事が分かるのではないでしょうか。

　たとえば、相対性理論でエネルギーを計算する公式、$E=mc^2$（Eはエネルギー、mは質量、$c^2$は光の速度の2乗）というのがあります。Cがもしリラの響きの光の速さであって計算すると、驚くべき（各種段階の）リラの響きのエネルギー量が計算出来はしまいか？

　また、マカバ体がもしも原子核だとしたら、原子力発電のような凄い発電（エネルギー獲得）に結び付かないだろうか？…………。

　成る程、成る程、今後の科学がメスを当てていけば、いくらでも、現代科学が未来科学へと目を開かせていくモノが、リラと自然音楽セラピー現象からは出てくるのではなかろうか？　私もそう思って、B.Bさんのメモの尻馬に乗って、二～三付け足してみます。

## 〈粒子・人間・宇宙は一つの同じ生命原理〉

### [根源の色、太陽の素顔、そして媒体]

　Y氏のプレシオス・リラの玉は7色だが、太陽光の7色とは違っていたというのは、あり得ることです。虹の7色も、プリズムを通した太陽光の7色も、可視光線として見える7色です。でも、7色の原型はプレ・リラの7色かもしれません。その証拠にこの7色が全体だと金色になります。これは太陽の黄金色です。ですからプレ・リラの7色こそ、奥の太陽（目に見えない世界にある太陽の素顔）から出ている7色の筈です。このように、今まで目に見えなかった世界が、見える形でアブリ出されて出て来させるのが、リラです、自然音楽セラピーです。見えない媒体がどうしてもあると言わないと、根源からの（人間の奥の体からの）心身相関・人間相関の「人間療法」は出来ません、と言っていることは、この事と同じレベルでモノを考えているからです。

### [無を有にアブリ出した科学]

　また真空は「無」と考えられていましたが、今では大きなエネルギーが潜在していると考えられています。（＋）と（－）が吊り合って眠った姿で。だからこれに強烈なエネルギー（たとえばガンマ線）を当てると、電子（－）と反電子（＋）がペアで飛び出して「有」の世界をつくります。これも一種のアブリ出しです（科学による）。

　今まで「無」だった真空は巨大な「気」とか「プラナ」（即ち生命エネルギー）が充満した海と私達は考えてきました。そこから人体に「気」（いろいろな癒しのエネルギー）を取り入れて、自然音楽セラピーを進行しています。また、ここの気（それも至高の気）を吸引する方法を開いてリラの響き

とし、人が今人体を通して放射し始めています。


[夢ではない人体核融合]

　さて、B.Bさんは「歌手A.Yさんのマカバ体の中で、ぐるぐるプレ・リラの美しい光球が回転している」と言いました。これはマカバ体（球体）を一つの粒子とすれば、その中を多数の素粒子が回転している姿です。たとえば原子の中の原子核のまわりを電子が回転するように。あるいはマカバを原子核とすれば、その中の陽子や中性子を形成するクオークたちが、形成するための歩みをし始めているかのように。いずれにしてもマカバ球体じたいは回転しており、その中の光球（粒子）も回転（公転）しながら、じしんも回転（自転）するかのように自由に動いているのです。
　すべての粒子が公転と自転をするのが量子論の教えるところです。それならばマカバ球体は一つの原子か、また原子核の姿を何か示しているのではありませんか。それなら次の事が言えそうです。
　マカバ体（原子核、または原子核をもつ原子）を破壊すれば、核分裂（原子爆弾、または原子力発電）をひき起こします。これは危険です。もしマカバ体とマカバ体が合体すれば、これは核融合となり、物凄いエネルギーが安全に放出されるのではありませんか。丁度、太陽が水素ヘリウムの核融合であの凄いエネルギーを作り出しているのと同じように。
　私達はマカバ体同士の合体融合をいたします。協同のマカバ・リラ発声をすれば、またマカバ・リラの声で自然音楽を合唱すれば。人体による核融合、またエネルギーの創出、夢のような話ですが、原理は一つではないでしょうか。


[人体の胸の核に迫ってみよう]

マカバ発声者の人体の胸にある小さな✡は、凄い回転をすると、身長3倍の直径の球体を創り、この球体じしんも高速回転しつつ、その内部では7色の球体（粒子）が回転をいたします。すべての球がそれぞれ自転・公転をいたします。それはまるで、電子群が核をめぐり、惑星群が太陽をめぐり、諸太陽系そして銀河群が、どこかにかある宇宙の核をめぐるかのようにです。人体もそのように構成されています。もしリラを発声すれば、マカバ・リラの声で発声するなら、人体は宇宙構成の姿を自身に再現いたします。

　この人体の核にある胸の✡とは何でしょう。さながら宇宙の核のように、宇宙を花咲かせ、開き、支え、回転させているもの。それと同じものが人の胸の中心にある✡。これが回転すると、マカバ球体が花咲き、7色の球を放ち回転させつつ、人体を宇宙と致します。


[重力の謎に迫ろう]

　さて、万有引力は地上で最も大きな力です。なぜなら地球上のすべてのモノを引き付けて離さぬ力だからです。一匹の蟻から数千千万億トンの山まで。これが重力です。重力とはあらゆる粒子を引き付ける核力です。宇宙はすべて粒子で構成されているのだから。重力は宇宙そのものを引き付けている核力です。宇宙で最大の力は重力です。しかし、重力を生み出している粒子は何か、科学がまだこれを解明していません。

　重力とは何なのか？………

　人体の中の胸の一粒の粒子？✡、これがすべての謎を解くかもしれません。なぜなら、その回転がマカバ球体を生み、その中に7色の太陽光と同じ7色の光球を回転させます。さながら原子の中の原子核のように。それなら原子核の中で陽子や中性子を結び付け、更に陽子や中性子を構成する極微粒子クオークを結び付ける力は何か。その核力は何か？

　あるいはすべての粒子の中に✡があるのかもしれません。あたかも宇宙

の一粒の粒子人体の中心に粒子？ ✡ があるように。そうして地球の核にも ✡ が、また宇宙の核にも ✡ が。もしそう考えなければ、重力や、クオークを結ぶ核力も分かりません。極限の微粒子があり、極大の粒子宇宙があり、すべての粒子に目に見えない一粒の粒子？ ✡ がある。それなら一粒の粒子人体の中に同じようにある ✡ が何であるかを解明すれば、すべての粒子のこと、宇宙のすべての核力の源泉が解けます。アブリ出しのように、目に見えるもの「有」と、目に見えないもの「無」との接点が解けます。単純でしょうか？

[千古の秘密の扉を、科学がその手で開くために]

　幸いに、今、一粒の粒子人体の中に目に見えなかった ✡ が、人体のマカバ体構成で目に映る形で姿を出し、その働きを示してまでくれています。これに科学のメスを当てれば、すべての謎に迫れるのではないでしょうか。科学は際限なく粒子を追い求めて「不確定性原理」の藪の中で足踏みの音だけさせているみたいです。(このことをアインシュタインは「神はサイコロを振りまわさない」と言って揶揄しました)。アインシュタインのように確かな何かを別に求めたらどうでしょう、視点を変えて。

　科学によらねば確かな事は分からないように、科学だけから確かな事は分かりません。「確かさ」は人の中の「賢こさ」から出てくるものです。それは「無」から「有」をアブリ出すようにするのも一案です。釈迦はこの事を「色即是空」と言いました。科学が今、その事を手がけたらどうでしょう。

　見えない ✡ が見えてきました、人体に。人のようやく進化で、マカバ体まで来たところで。後は科学のメスが万人の目に見える形にまで、分析の歩を進められれば、21世紀の無を有に変える新しい科学が始まるでしょう。かつて真空がゼロであって、今は無限のエネルギーの宝庫らしいことが分かり始めたのと、全く同じように。

# 第五編

## マカバ・リラが生まれるまで

座談会（宇宙音が聞こえる？）

# 「マカバ・リラが生まれるまで」

## (宇宙音が聞こえる?) (座談会)

出席者　A.A：自然音楽歌唱指導及び指揮者、リラ・ヴォイス指導者
　　　　K.K：自然音楽セラピー責任者、リラ・ヴォイス指導及び判定者
　　　　A.Y：自然音楽歌手、作詞・作曲者
　　　　山波言太郎（司会）：自然音楽セラピー研究家、作詞者

## リラ発声の原点は、愛の心にある

**山波**「今日お集まり頂いたのは、皆様がマカバ・リラ発声されるまでの経験や苦心を語り合って頂くためです。B.Bさんからは既にセラピーでの敏感な体験をメモで頂いているので分かっています。A.Aさんは歌唱やリラの指導者として、K.Kさんはセラピーを通じて、またリラ指導や判定者として、A.Yさんは歌唱と作曲者の面から、それぞれ違った苦心や体験また見解をお持ちのことと思います。今日はそれを出して頂いて、リラ・ヴォイスへの一層深い理解を持ちたいと思います。よろしくお願いします」

**A.A**「リラはどこまでいっても、人の心、精神と切り離せない性質のものですね。自然音楽を歌うにもリラを発声するにも、私はいつもその方の心に目をとめながら指導します。もちろん自分の場合も、新しいリラを開発する場合もポイントは心です。K.Kさんはいかがですか」

K.K「全く同じです。私たち宮沢賢治のデクノボーの愛の精神から何もかもスタートしたわけですから。リラ・ヴォイスもデクノボーの愛の心を声に発声したわけですから。リラは発声する人の心が愛と奉仕といいますか、心の姿勢がそうなっていないと発声は出来ないし、指導もできません」

A.A「発声技術よりも、先ず心なのです」

山波「成る程、自然音楽セラピー研究からも全く同じ事が言えます。愛に生きる決断があって、胸のチャクラが開花し、するとリラの柱が人体に通り、リラの発声が始まります。愛の心がリラ発声の絶対条件です。リラの階段のレベルアップも、愛というか、心の浄化がポイントになってるわけです。ここのところが世間一般の発声法や歌唱技術とは全く違ってるんじゃないでしょうか」

A.A「ええ、リラの発声にしても、その声で歌うにしても、発声や歌う技術というものはもちろんあるのですが、その前にその人にリラの通路が出来てるかどうか、神気が通ってるかどうか、でないとリラは出ません。発声は媒体を使ってするんです、リラの通路は媒体に出来るのです。この通路ができてないと、いくら教えても発声できません。歌唱法を身につけたどんなに歌のうまい人が来ても、手をとり足をとりどんなに教えても、私の言う発声は出来ないんです。媒体が発達していないと駄目です。頌歌隊にしても、瞑想リラまでは発声できているんですが、それから先本人の媒体の成長（浄化）がないと、どんなに教えても、その上のリラのもつリズムはどうしてもとれないんです。だからリラ発声にはハート、愛の心がない限り神気が吸えないから、でないと媒体の発達ができないから、リラは出ない、その事を身をもって感じています」

山波「やはり心がポイントですね。媒体の通路をリラは通る声だから、それには媒体の浄化が必要。それなら自然音楽セラピーをすればいい。奥の奥まで心身が排毒浄化されますから、愛の人になりますよ」

## 指導にはその人の心をみる

K.K「私は敏感ではないので、声がどの道を通るか、またどこを使って発声しているか技術については分かりません。ただその人の立ち方が悪くても、発声が悪くても、呼吸の仕方を見ても、その人の心の癖がそこに出ています。素直かどうか、どこに心が向いているか、そこに気を付けて見ます」

山波「やはり心を見てるのですね。形から心を見る」

A.A「声には心が出ています。声を聞くとその人の心がすーっと入ってきます」

K.K「その人の顔つき、言葉、その人の癖、いろいろなものに心は現れています。全体を見ながら私の場合は指導判定を致します」

山波「K.Kさんはセラピーや色々な講座を通じて相手をよく知ってるわけだ。その上に全体の形や動き癖から心を見てとる、こうですね」

A.A「B.Bさんは敏感体質だからリラの光が見えたりする。K.Kさんは冷静に心の中味を診断する。お二人の判定結果はいつもピッタリ一致しているのですよ」

山波「人は自分のレベル以上のモノを見ることは出来ない。自分のレベルまでの心なら分かる。K.Kさんはマカバ・リラが出てるからそこまでの心は心眼で見抜ける。こうして理性で判断する人と、B.Bさんみたいに敏感性で見る人と、お二人の判定体勢はとてもよいと思います」


## 音の心を聞くようにしている

A.A「私も別に敏感体質じゃありませんし、指導の時はじーっと声に焦点をおいて聞いています。すると音程がとれなくなってきます」

山波「え？ 音楽専門家のA.Aさんが音程がとれないとは、どういうこと

すか」
A.A「ええ、一番外側の普通の音楽の技術的な音程ですが、それが分らなくなるんです。音の中味が見えてくると外が軽くなるというのでしょうか。普通音楽は表面の音を聞きますよね。いわば肉体の音ですか、そこに飾りを付けて技術を使って。でも自然音楽は心そのもの、心が音に変わったもの、リラもそうですが。で、中味を聞くようにすると、まるで外味が分からなくなります」
山波「それじゃ音痴？」
A.A「きっと、人の心の清らかさばかり見てると、外側は何を着てても問題でなくなる、あれと同じでしょう。中味をつまり心の深みを聞く能力が開発された、外の音程は、もちろん注意を向ければ戻りますが、そちらの方は敏感ではなくなった、そうだと思います」
山波「その分、ずっと音の内部、もし音が心だとすると、本当の音が分かるようになった。大切なのはそっちかもしれない」
K.K「本当の音楽とは美しい心、それを音で表現したものではないでしょうか」
A.A「それが自然音楽であり、リラの響きの筈です」
K.K「それを聞く耳は、外へ向けた耳でなく、中味を、音の心を聞く耳ですよね」
山波「そうそう、A.Aさんのように、音痴になるくらいの耳でないと（笑声）……その点、A.Yさんは歌う立場からいかがですか」


## 歌う時は、その曲の声を、つまり心を探す

A.Y「音程といえば、私も随分困った経験があります。そのお話は後にして、いま音は心という話題が出てましたね、私は本当にそうだと思います」
山波「ほう、歌う面からの苦労話がありそうですね。聞かして下さい」

A.Y「私、歌う時はいつもリラの声で歌うことを考えてます。で新曲が出来ると、新しい曲ができるということは、新しい声を探してその声で歌わないと歌えないんです。古い（リラの）声のままでは歌えません。で、その曲に一番合う発声法を探すんです。それは声を探すというよりか心を探すということらしいのです。この前「光は銀河の果てに」という新曲ができたんですが、何か月もどうしても新しい声が分からなくて、……最後の最後の録音で何十回も歌ってやっと出たんです。やはり、あの曲の一番しんに、何もかも打ち捨てて前に前に進んで行くという心があるんです。その心が自分が本当に分かった時、その曲の中にある光みたいになって何もかも捨てて前へ進んで行く気持になった時に、声の事も忘れてしまったとき、その声がいつの間にか出ていたんです。そんな感じでいつも曲の中の心を探して行くと新しい声が発声できるんです。

山波「声は心の表現ということですよね。技術的な声では発声できない、その曲はね。その曲の心が分かった時に、しぜんに声がその声が出てくるわけですね。声は心だということですよね、自然音楽においてはね」

A.Y「そうですね、本当にそれでしかない」


### 自然音楽は人と宇宙とのコズミック・ハーモニー

山波「その点が普通の声楽とは随分違う点ですよ。自然音楽では声は心である、心の表現が声である」

A.Y「でも、そこにいくにはいろいろ声の発声法を研究して、体のどこを使ってどうやって出すかを沢山やって、最後に心が分かった時、そこを使って出すことが出来るんです」

A.A「そうですね。体と心と声はつながっている、対応している、それぞれレベルは違っても同質のものが体と心と声にはあるんです。体と声は対応してます。その声が出る体の場所がありますから、それが体と声の対

応です。同じように心と声も対応しています。感情はすぐ声に出る、これは誰にも分かります。だがもう一つ精神のレベルに対応して、それぞれの声があるみたいで、その心にならないとその声は出ない、それが声と心の対応です。たとえば自然音楽はメロディーのウネリを描きます。あれは心の思想や感情のウネリに対応しています。人は自分の内に宇宙の色々なモノを持っているみたいで、自然音楽はそれを一つ一つ曲にして取り出します。人はその曲に見合った声を発見して歌います。だからリラ・ヴォイスで自然音楽を歌うことは、宇宙と人がコズミック・ハーモニーを奏でているようなものです」
山波「ほうこれはちょっと難しい。自然音楽哲学というか、芸術論ですね。それをもう少し単純に聞かせて下さい」


## 宇宙は音の世界、光も人も病気も音

A.A「じゃ、面白いお話をします。A.Yさん話してごらんなさい、アレ」
A.Y「？」
A.A「ホラ、録音して音が下がった話」
K.K「あゝ、それより、その前に音が人からもリラからも、色々なモノから聞こえる話、そこから入ったらずっと分かり易いと思いますけど」
山波「ホウ、音が人から聞こえる？　何ですかリラから？　リラは音でしょ」
K.K「音ですけど、皆アーというシンプルな音ですけど、A.Yさんには別の音が聞こえるんです」
A.Y「ハイ、リラを発声している人からはチリチリチリというキレイな音が聞こえます」
山波「チリチリチリって、どんな感じ、キレイな音ってどういうふうな感じの？」
A.Y「光の音なんです。光は音なんです。チリンという鈴そっくりのキレイ

な音。時にトライアングルのチーンも入るけど、鈴を振るようなキレイな音が光なんです」
山波「光は音、鈴の音、キレイ。そしてリラの響きもチリン光の音」
A.Y「そうです、リラを発声すると、チリチリチリ光が川になってザーと流れる感じです」
K.K「リラは光なんですね。光の川なんですね。それを人が発声する、できる。集団だと大きな河、光の河になるわけですね」
A.Y「光の河といえば、自然音楽のヒーリング場はもう凄く降ります。河じゃなくて光が雨か雪のように全体に凄く降っています。リラに似た鈴のキレイな光の雨。鳴っているＣＤから出る光の音よりもっと効果がある感じで凄い。アレ、ヒーラーともつながってる感じですけども」
山波「ヒーラーって、私やK.Kさんも務めますが、何もしません。坐ってＣＤの番をしてるだけで時には眠ってしまうことが多いのですが」
A.Y「私の実感です、音が美しい光の雨で、光の雨の中でヒーリング受けている、そういう実感なのです」
山波「リラが光の音だとすると、発声する人、その人は皆鈴の音がするのですか」
A.Y「いいえ、人によって違います。何人かは鈴の音がする人もいます。Hさん（注；高齢の男性）は「今日は」と言われる時チリンという音が一つします。M（少女）はオルゴールが廻ってる音、木についている花が歌う声に似ているオルゴールの感じ。T（少年）は年が若いのに渋い音、石みたいにズー・ドゥーって感じの」
山波「人により全然ちがうんですね。人は皆いい音を出しているんですか」
A.Y「………電車なんか乗りますと、ザーッという音。テレビ番組が終わった後のあのザアッーという感じの音が聞こえます」
山波「いい音じゃないですね、嫌ですね。人は平均してザァッーですか。良くない音を出しているのですね」

A.Y「病気の人は分かります、ガタガタした音を出していますから」

山波「ホウ、病気も音、……病気によって違うんですか」

A.Y「違います。ウツ病の人は中から心の中からガタガタしたような音が出ています。骨の病気がひどかった時のＸさんは、ノコギリで切り付けられる音。これは心から出てるんでなく体から出てるんです。アレルギー発作がひどかった時のＹさんは、火で焼かれてる音、髪の毛が火でジリジリ焼かれてる音」

山波「それはひどい、……病気は音、心から出る音があったり、体から出る音があったり、でも不調和なひどい音ですよね」

K.K「A.Yさんは皆何でも音が聞こえるみたいです」

A.Y「自然音楽の作曲が始まった頃、色々な物から音が聞こえました。皆何でも音なんです、音を出しているんです。万物は音、宇宙は音、そんな感じです」

山波「ホウホウ、宇宙は音、万物は音ですか。心も体も人も音。リラも光も音、音の世界。あるいは光の美しい音、あるいはそうでない汚れた音。万物は音ですか、宇宙は音ですか。私達はその音の中に住んでるんですね」


## 音が下がる？　曲と心と声の一致

A.A「そこで、先程の音が下がるお話に戻ったらどうでしょうか。A.Yさん、あの話をして下さい、音が下がってどうしても歌えなかったお話を」

A.Y「実は、〈光は銀河の果てに〉という曲は、何か月も何百回歌っても歌えなくて」

山波「そんなに難しい曲なのですか」

A.Y「難しいというか、音が下がるんです」

山波「音が下がるって？」

A.Y「ええ、7月からＣＤのための録音を二度しても、どうしても音が下がって。三度目の8月17日も駄目で、最後の最後に何十回も歌って、とうとう歌えました。あの曲の中にある心、前へ前へどこまでも何もかも捨てて進んで行く心、精神に自分がなり切った時に、声がとれてチャンと歌えたんです」

山波「曲の心と、自分の精神がそれになり切って声が初めて出る、声と曲と心と一つなのですかね」

A.A「自然音楽は心を音に表現するので、普通の音楽と違って、心と曲と、それを表現する声の発声点が違ってくるんです」

山波「発声点ですか、……技術ですか」

A.A「技術ももちろんありますが、技術だけで声は出ません。元は精神のレベルの問題です」

K.K「私も頌歌隊で歌いますが、本当に精神レベルで、その曲に見合って高くないと、声というか、その曲のもつリズムが見えないんです」

A.Y「私、2月に〈林檎のある森〉のコンサートを終わってから、リンゴの歌もいろいろな歌も音が下がって歌えなくなったんです。ヘンだな、耳がおかしくなったのかな、前は皆チャンと歌えてたのに、どうして、どうしてと歌っても下がるんです。自分ではチャンと歌ってるのに、音が下がるんです」

山波「どうしたんです、音感抜群のA.Yさんなのに」

A.Y「それがどうしても駄目なんです。そのうちに他のどの曲を聞いても、ピアノを聞いても、他の人のＣＤを聞いても、音が下がって聞こえるんです。で、とうとう予定していた〈光は銀河の果てに〉のＣＤ録音の日が来てしまいました」

山波「で、7月の録音は二度ともうまくいかなかったのですね」

A.A「そうです。で、8月17日ですか、その日ももう駄目かと思った最後に、見事に歌いきれました。あれはマカバ・リラの発声で歌ったんです。A.

Ｙさんは６月頃にはマカバ・リラの発声が出来ていたらしいのですが、それを自然音楽の歌で発声できたのが、あの録音、あの歌だったのです」


## 音・思想・言葉・メロディーの一致

山波「あの〈銀河の果てに〉の曲は、たしか私のリラの声から出て来た曲だった、ですよね」

A.Y「そうです、あの日（昨年の１１月の）サービス・リラの日、皆さんのリラ合唱、あれは光の河の流れ鈴のチリチリリンの音の流れですが、その中でいつかなぜか山波先生のリラの声にじっと耳を向けていたんです」

山波「ホホウ、私の声、変わってる？」

A.Y「声でなく、鈴の音のような、それも鈴が束になって一杯出てるリラの声です」

山波「ほう、私のは一杯出るんですか、あのアーというガラガラ声から」

A.Y「ハイ、鈴の音が一杯集まった声です。リラを出してない時も全身から四方八方にそれが出ています」

山波「ええまあそれで、リラから曲が出たんですよね」

A.Y「ハイ、リラを聞いていたらメロディーが聞こえてきて、それをピアノで弾きました」

山波「そうそう、そのピアノを聞いて私はなぜか心が踊って、体まで動かしてピアノに合わせて歩いて聞きながら、その曲は何という曲かと尋ねたんですよね。そうしたら貴方のリラから出た曲メロディーですと言われ、成る程と合点したけど、そばにいた皆さんはハハハ……と皆が笑いました」

A.Y「あれはまだ初めの方で完成してなかったんです。そうしたら、その曲から詩が出てきて」

山波「そう、あの詩……」

A.Y「我ら銀河の果てに誓わん」

山波「そうそう、あの詩、去年の12月4日作詩となってる、……あの詩読んだ時、あ、これ私の心とそっくりだ、私が書きたいと思っても書けなかった、心の一番奥が見事に言葉になってると思って感動したんです。そりゃそうですよね、私の心を見透かしたような詩だから」

A.Y「あの詩をじっと見ていたら、そこからメロディーが次々に湧いて出てきて、あの〈光は銀河の果てに〉の曲が完成したんです」

山波「その曲が出来たけど歌えなかった、音が下がって歌えなかった、というんですね。おかしな事ですよ、普通の音楽の常識からいうと。作曲者が自分で作った曲が音がはずれて歌えないなんて」

A.Y「でも、そうだったんです。本当に音が下がって。この曲だけでなく、外の歌も、他の人の歌もピアノも音が少し下がって皆聞こえるんです」

山波「本当に可笑しな事が始まったわけですね」

---

我ら銀河の果てに誓わん　　青木由有子

集え　銀河の果てに
我ら宇宙の塵なりき
遠い昔の古い岩
打ち砕きたる光の矢
放ちしその塵共は
新たな時代を創造せん
我ら再び銀河に集い
新たなる出発を誓え
前を向け　後ろを向くな
つき進み　変化せよ
我らの心はここにある
友よ　誓おう
新たなる旅立ちを
我ら再び
銀河の果てに誓わん

一九九九・十二・四

五．マカバ・リラが生まれるまで

A.Y「何か月もそればかり練習したり考えたりしても分らない。音が下がるのは発声法が変わっていけないに違いないと思い、発声法を母（A.Aさん）に聞いて色々やったが、でも歌うと下がってしまう。自分で下がるの分かってるんだけど直らない。ところが、新しいリラの発声法を（注、マカバ・リラ発声法。A.Yさんは6月頃にはマカバ・リラの発声が始まっていたらしい）、気持を前向きにして、声を高いところから出さなければならないので、気持をいつも前向きにして上の方から気持を出して、声を出す。その発声法がうまくいくと音が下がらない。もうそうなると前の発声法では歌えない、音が下がってしまうので。だから新しい発声法にしていかない限りＣＤ録音も出来ないし、そう思って8月の三度目の録音に入ったんです」

山波「ちょっと話の整理ですが、私のリラのアーという声からメロディー『光は銀河の果てに』が生まれた。そして、その「アー」という声は詩『我ら銀河の果てに誓わん』の思想でも、言葉でもあった。ということは、単純なアーという声は思想であり言葉であり、またメロディー音楽でもあるんですね。つまり、人の声は思想であり音楽であり言葉でもあるわけです」

A.A「その通りです。芸術の源にあるのは音・思想。それはメロディー（音楽）であり、言葉（文学）であり、また色と形（絵画）でもあるようです。A.Yは絵を見るとそれに見合った音が聞こえると言いますから」

A.Y「ええ、絵を見ると音になって聞こえます」

山波「宇宙はすべて音ですかね。私達は音を、文学や音楽や絵画にして見たり聞いたりしてるようなものなのですかね。A.Yさんにはそういう芸術が皆音で聞こえるから、楽しいでしょうね」

A.Y「でも、何も聞こえて来ないものも中には色々あります」

山波「オヤオヤ、空っぽですか。中味空っぽの芸術が巷にはんらんしてるって訳かな。それはさておき、声は出たんですね、最後の8月の録音のギ

リギリで」


## 宇宙に音がある、自分の体に線がある

A.Y「以前は自分の体から声を出す感じだったのを、リラの（声の）力を目の前に集める歌い方に変わっていく。すると自分が発声するのでなくて、もうそこにあるものを使って歌を作り上げる、そうなります」

山波「ちょっと分かりませんね。そこにあるもので歌を作るって、具体的にどういう事なんですか」

A.A「今までは、自分の中から音（声）を作り出すと思ってたんです。たとえば瞑想リラでは心の中から、心のある場所から音は取り出す、音を作ると思ってやってたんです。でも、次のプレシオス・リラ以後になると、そうじゃない、それでは本当の声は出てない、その感じが出て来たのです。どうも自分の中に天地を貫ぬく線があるみたいで、その線は頭頂と天と、地は地の中心と結ばれている。そして宇宙に音があるんです。リラの音は天地を貫ぬく何かこう線上にずうーっとあるみたいです。ホンモノの音は天地を貫ぬいています。もちろん他にも音はあるんでしょうが。本当の音は体の中にあるんじゃなく、天地を貫ぬく線上にある声から、もって来る。自分が作り出す声もある、だけどそれ以上の声は宇宙から持って来る。高い音は頭頂の更に上にある。高ければ高いほど遠くからとって来なければならないから大変。A.Yの唄う歌は相当に高いところのもの、だから歌う時は頭頂より上方のチャクラを使います。それが使えるまで音は下がる」

山波「音が下がる理屈が少しわかるみたいです」

A.A「私も、そこを使おうとリラの新しい発声を試みてきました。A.Yは自然にもうそこを使って歌い始めたんです。それを使うと、そこ使って声を出すには、そこを使って音を集めるんです、宇宙から。力が足りない

から音が下がるんです。丁度、気功で力が足りないと、気が集まらなくて力が足りないのと同じように」
山波「あ、よーく分かります。宇宙の気を、宇宙にある音を頭の上にあるチャクラを使って集めるんですね」
A.A「そんな感じです。先程A.Yが、自分の目の前にリラの力を集める歌い方と言ったのは、このことです。その声の源は宇宙にあります。リラも自然音楽も、高いところの宇宙、天から引き寄せられた音だと思います。ＡＹはソプラノですが、低い声もよく出ているのは、低い音は地の中心とつながっていて、そこから声を取り出しているからです」
山波「すると、人体は声の通路ですか」
A.A「ハイ、管だと思います。でも、ただの管ではなくて、声は宇宙にあって、体の中にもあって、対応しているんです」
山波「ホウ、人体は小宇宙ですか」


## 人体は小宇宙、天と人とは対応している

A.A「打てば響く、アレでしょうね。自分の心から発するものは、宇宙の中にある、あるレベルに対応している」
山波「すると、自分が浄化していくと、一層高い宇宙のどこかから声が引き出せる。何といっても人体を貫いて、先程のお話では、天と地を結ぶ電線のような線があるとの事ですからね」
A.A「ハイ、ただその線は誰にでも出来ているのでなく、頭上の外にあるチャクラが開かれないと出来ません。私達は自然音楽を歌っていきながら、作曲ごとに曲の深まりと共に、それを何とか歌いたい発声したいと追いかけながら、いつの間にかプレシオス・リラからマカバ・リラへの発声へ高みへと手を伸ばすことになってしまいました。それにつれて、体の外のチャクラが開いたみたいです」

山波「そうですね、そうでしょうね、同感です。では皆さんの頭上チャクラの開花、マカバ・リラ発声までのあれこれを聞かせて下さい」

## マカバ・リラへの道は、先ず自分の仕事への努力

A.A「格別にこれといったリラ開発の手続きを踏んだわけではありません。自然に各自が自分の役割、たとえば私は歌やリラの発声の指導、A.Yは自然音楽を歌う仕事、K.Kさんはリラ発声と判定の仕事、それからここに居ませんがB.Bさんはリラ判定で光を見る仕事、それぞれに真剣にそれをしているうちに、皆だいたい時を同じくして、今年の春から夏へかけて、マカバ・リラの発声をしてしまったということなんです」

山波「すると、計画的な研究開発ではないわけですね」

K.K「ええ、私などA.Aさんのように体のどこを使って発声するとか、B.Bさんのように敏感でもありませんし、だからいつの間にかそうなってたとしか言いようがないんです」

A.A「でも、各自にそれぞれ開発のキッカケや努力はあるわけなんです。先程A.Yの話のように、音が下がるからどうしたら歌えるか、あれは本人にとってはそれこそ命がけの努力みたいなことです。それがあって各自が同じ頃に発声点を見つけたということです。私の場合も歌を指導する立場からの幾つかトンネルや関門を通ってそこへ出たという感じです」

山波「では、A.Aさんの歌の指導の立場からの悩みや関門の話をして貰えませんか」

## ＣＤ録音ごとに、曲と声がレベルアップ

A.A「私の場合、今年（平成12年）の２月に、『林檎のある森』のＣＤ録音

やコンサートを終えた後、次の声があるのではないかという、直感のようなものがありました」
山波「次の声って何ですか」
A.A「林檎のある森は、プレシオス・リラの発声で歌った、その声でないと歌えない曲の集まりのCDなのです。CDには声の段階レベルがあるみたいです。それ以前に録音したCDは瞑想リラ段階の声で歌ったCDです。曲もそのレベルに対応する曲なのです。ですから、プレシオス・リラの声に対応する『林檎のある森』の録音とコンサートが無事終わったから、次は何となく、新しい次の曲と次のレベルの声がある筈、生まれるのではないかと、フト直観みたいなものをもったのです」
山波「その直観あたりましたか？」
A.A「その前に、その声がありそうな事を娘のA.Yと話し合ったり、K.KさんやB.Bさんとは研究会をもったりしました」
山波「どんな研究をしたのですか」
A.A「格別な研究という程のことじゃありませんが、私とK.Kさんが色々なやり方でリラを発声し、B.Bさんがビデオ・カメラのように見えたままを写し取ります。K.Kさんは指導のポイントを自分の中で確認していく仕事をします。私は体の器管のどこを使うか、更に媒体のどこをどう使うか等を検討します。その後で話し合いながら、それで進めていきました」
山波「それで手応えがありましたか、成果が出ましたか」
A.A「6月4日がコンサートなのに、その前三日三晩、A.Yは新曲の作曲に没頭してたんです、コンサートの準備もせずに」
山波「そうなんですか？」
A.Y「どうしても、新しい曲が聞こえてきて、とても深いのでたいへんなのですが、凄く大事な曲のようで、それで」
A.A「その作曲が『緑の礎 ―ツリー・オブ・ライフ―』という新曲です」

山波「ああ、あれですね。緑つまり生命、その源(みなもと)、礎(いしずえ)それは宇宙の本源にあるといわれる生命の樹ですね。ツリー・オブ・ライフの曲ですね」

A.A「その曲を聞いた時、確実にこれは新しい声でないと歌えない。今までにないリズムだから、次の新しいリラから出たリズムに違いない。その声でないと歌えないと確信しました。こうして、どうしても新しいリラの発声が必要になりました」

山波「その頃でしょう、A.Aさん達のマカバ・リラの発声が始まったのは」

A.A「ええ、それには山波先生のアドバイスが作用してるんです」

### 二つの特殊な体外チャクラ

山波「ハーテ、何でしたっけ」

A.A「アルファ・チャクラやオメガ・チャクラと言って、体の外にも人にはチャクラがあるというお話です」

山波「それが発声の何かお役に立ったんですか」

A.A「ええ、実はその少し前から、頭頂の上に何かポイントがある、また両膝の間の少し上にもポイントがある。そこが痛んだり、そこを意識したリラ発声を何となしにしていたりしていまして、そのお話でハッと気付いたのです。これでいいんだ。それで6月12日でしたか、リラ集会があった時、そのやり方で発声したら、B.Bさんの目にマカバが形成されている私の姿がハッキリ見えたそうで、私はこの時これが新しいマカバ・リラだと確認できました」

山波「そうでしたか。それにしてもチャクラとか、まして体の外のポイントとか、どうしてそんな常識とは違った知識や認識を持たれたのですか」

A.A「実際の体験からです。だんだんそこへ入らないといけなくなった指導体験からです」

山波「お話し下さい、その指導体験のだんだんというのを」

## 発声のポイントが、体から上へと上昇

A.A「実は、昨年の3月に『オルフェウスの子守歌』のCD録音を終えた時、これは瞑想リラの発声で歌った自然音楽ですが、このリラ発声でどなたでも歌えるように発声指導するには、どこにどうポイントおいて教えてあげたらよいか考えてみたのです。それまで瞑想リラは、丹田と眉間にポイントおいて発声していました。気はこの時、頭頂と眉間とつながって出ます。でも、それでリラをすると瞑想状態になって声が出ません。で、頭頂にポイントを置いて発声すると、声が出るんです。もっと明るく優しく軽やかな声が。そうしているうちに、頭頂が（松果体）が発達してくるんですね」

K.K「でも、愛の心のない人がそれをやっても無駄です。その声は出ないし、松果体の発達なんて逆効果、むしろ危険です。A.Aさんだから出来たんです」

A.A「そうそう、そうです。愛が絶対条件でそうなるんです。で、松果体が発達するんでしょうか、頭頂より上を意識するようになり、そこから声を出したら、さっき言った明るく優しい軽やかな声がずっと強化されて出るようになりました。それが結局プレシオス・リラだったんです」

K.K「体外のチャクラが働き始めたんですよ。えーと、プレシオス・リラの発声は平成11年8月からでしたね」

A.A「ええ、A.Yが発声したのはそうです。それと同時に彼女は自然音楽の作曲が始まったわけです。ですからA.Yの自然音楽はプレシオス・リラ・レベルの伝曲から始まり、その最初の集成が『林檎のある森』CDです」

K.K「だから、プレ・リラ発声で歌わないと本当は歌えないんです」

A.Y「でも誰でもあの曲を歌ってれば、声がプレ・リラになり、その声で歌えるようになると私思うんですけど」
A.A「その通りです。声も歌も変わっていきますし、それに歌もうまくなっていくんです。それは頌歌隊の指導をしていてつくづく感じます」

## プレシオス・リラ以後の発声起点は、1999年7月

山波「平成11年7月11日に198名で瞑想リラ集会をしましたね。8月11日にもしましたが。あれが本当はプレ・リラの出発点なんです」
A.A「え? それどうなんですか。7月11日にしましたし、8月11日も確かにしました、200名の大瞑想リラ集会でしたが」
山波「それに出席した人の中から、その一部の有志からプレ・リラが出始めたんです。あれは実は画期的な出来事だったんです」
A.Y「画期的って、そこから何か変化が起こったのですか」
山波「起こったじゃありませんか、A.Yさん。あなたはその8月11日に自然音楽の作曲が始まったでしょう」
A.Y「あれはホント、思いがけない突然の出来事だったんです」
山波「他の人も皆同じですよ。あの7月11日のサービス・リラをしたくてそれまで頑張った人は、殆んど皆瞑想リラ発声者になれたんです。瞑想リラは先程A.Aさんが言われたように、丹田(下方チャクラ)と眉間(上方チャクラ)を結んで出す発声です。ですから、人体が全身を一つの球体チャクラにするためのスタートラインです。とても通常ではできないことが、あの時点で急速に行われていたんです。地球にサービス・リラを送る目的と愛の心があったから。でも、終わって、これでおしまいと思った人はそこで進化を止めました。だが、自然音楽とリラ・ヴォイスをもっと地球のために使いたい広めたいと思った方は、次のステップへの進化が始まったんです。それがプレシオス・リラの発声、更にはマカ

バ・リラの発声と進むんですが。それが先程A.Yさんが言ったように、プレ・リラの曲を歌えばプレ・リラの声が出、マカバ・リラの曲を歌えばマカバ・リラの発声が出来るようになる。この進化の超スピード道案内パイロット役をするように次々と新しい作曲が生まれていくんです」
K.K「随分うがったお話に聞こえます。でも私達先が何も見えないけど、前へ前へと進むと道はずんずん開かれるのは体験で分かります。リラ・ヴォイスの発声も次々皆がそうやってるうちに発声できたんですから」
A.A「とにかく、一歩踏み出すと、道が思わず開かれます。前人未踏の野原を行くみたいですが。マカバ・リラは私の場合は６月12日確認しました。頭上のアルファと、両膝間のオメガ・チャクラがしっかり意識できると、体は玉子型に感じられます」
山波「そこのところ、玉子型になるところちょっと話して下さい」

## マカバ形成時の実感

A.A「先程、山波先生のアドバイス、アルファとオメガ・チャクラのヒントのこと申しましたが、もう一つその少し前に、先生の合図で低音・中音・高音のリラ発声を皆でしましたよね」
山波「ああ、いろいろなものに対するサービス・リラのことですね」
A.A「ハイ、あの時、低音リラは地の中心につながり、重心が下がって膝の間のある箇所で固定する気がしました。中音は胸の中心が開かれ、何かがそこから出て行きました。高音リラは天の中心にまでつながり、前に申しました線が体を貫通して通っていて、頭の上方の一点で定立する感じがしたんです。この体験をリラ発声に生かし、次のリラ集会６月12日でしたか、頭上のアルファ・チャクラと両膝間のオメガ・チャクラにポイントを置きながら発声しました。すると私は波動の中に入り、波動はどんどん広がり、胸の中心がどこかとつながって深い安心感があり、

自然体のままで胸から直接波動が広がるんです。その時自分は玉子型になってるように実感しました」
山波「それがA.Aさんのマカバ・リラ仕上げの日だったわけですね。それからどうしましたか、歌や指導の面にどうそれを生かしていったのですか」


## 松果体の成長がポイント、それには何が大切か？

A.A「ツリー・オブ・ライフ〈緑の礎〉は、このマカバ・リラでないと歌えない。で、この発声を上から下までずっと同じ太さで歌うにはどうすればよいか。それには神気を吸うシンが頭の中にあるんです。眉間と頭頂をつなぐ接点……」

山波「ああ、そこ松果体ですね」

A.A「ええ、その松果体を意識して声を出す、これがポイントです」

山波「なるほど、それは理にかなっています。松果体の発達が天地の神気を吸引するカナメですから」

K.K「その松果体は、愛の心がないと決して育たないんですよね」

山波「その通りです。松果体の発達が神気を呼ぶんです」

K.K「その神気が人体の中でマカバ・リラの声に変化するんですね」

山波「そうです、体の中から自分が出すんじゃないんです」

A.Y「ああ、それですっかり分かりました。8月の『光は銀河……』の最後の録音の時、気持をいつも前向きに持ちつづけていて、声は高いところから、自分の体からでなしに、目の前に集めるように歌ったら、とうとう歌えたんです」

山波「それですよ、A.Aさんが指摘した頭のシンの松果体を大事にする歌い方は。それはA.Yさんの松果体の成長があって初めて出来たことですが」

K.K「松果体の発達が、リラ発声のポイントになるんですね」

山波「そうです、やはり精神です、それには。愛の心です。つまり自分より

も先に地球や他者への献身ですね」
A.A「私、若い頃から心が深化したら声は出ると思ってました。やっとそこへ皆で行き着いた感じです、間違いなかったと」
K.K「そうですよね。心が深化すれば深い声が出る。これ法則ですね」
A.Y「そういえば、R.Rさんは歌は歌わないし、リラの発声を研究してもいないのに、マカバ・リラが出るんでしょ」
K.K「あれ、全くビックリするけど本当ですね。だが私達の仕事のために別の面で献身して下さってますから。やはり生活が愛で貫かれると、人体にも天や地とつながる線が自然につくられるんですね」
山波「マカバ・リラが出ると、心も、声も、宇宙とつながる、これ真実ですよ」


## 未来への抱負、龍神の声、核融合

A.A「やっと結論が出たみたいですね。では、次はもう一つ上の声が出るよう頑張りましょう」
山波「ホウ、まだ何か直感か予感があるんですか」
A.A「次に、〈ツリー・オブ・ライフ、緑の礎〉をマカバ・リラの声で録音し終えたら、新しい次の声が出ると思います。もちろん、それに応じて新曲も次々出る筈ですが」
山波「ホウ、そんなにですか。A.Yさん大変だなあ、作曲もし、声も出すんだから」
A.Y「母は、次の新しい声は龍神の声だと言ってます」
山波「え、龍神て、あの空を飛ぶ龍とか神の」
A.Y「そうなんです」
山波「それはなぜ、なぜ龍神ですか」（三人顔を見合わせて笑う）
A.Y「それは秘密です」

山波「ヒ・ミ・ツ……。何かありそうだが。でも分からぬことはない。マカバ・リラは天空人のヒナ鳥の声だから。天空人になって空を飛べば龍神（龍人）ですよね。宇宙とつながって、宇宙から未だ地球にない宝物を無限にとり出せる、声で持って来れる」

A.A「私達はその声でその仕事をしたいと思ってます」

山波「それで、これからの抱負というか仕事とか、何かありますか」

A.A「次の声を開発すること。もう一つ、核融合を声で実現することです」

山波「核融合ですか」

A.A「ハイ、これも山波先生のヒントからですが。今、プレ・リラの人を集めて、マカバ・リラに導き、次にその合唱でこれまでになかった癒しを地球のエネルギーとして生み出したいと思ってます」

山波「またしてもA.Yさん、大変ですね。その核融合とやらの新曲を生むには自分がそこまで行けないと作曲できませんから」

A.Y「覚悟してます。もともと不登校でどん底まで落ちた経験がありますから。はい上がれてもはい上がれなくても同じですから」

座談会

著者・山波 言太郎(やまなみ げんたろう)

自然音楽療法研究家、詩人・作詞家。1978年～1991年詩人仲間の朗読研究集団「朗読詩話会」を結成して主宰。他方、同好者らと「宮沢賢治研究グループ」を結成。このグループから1992年にリラ・ヴォイス発生、1995年に自然音楽が誕生。1996年に「リラ研究グループ自然音楽研究所」（代表 青木由起子）が設立されると、そこで自然音楽療法の研究と作詞を担当。更に「デクノボー方式朗読法」を主唱して癒しの朗読を推進指導。著書『私見宮沢賢治』『宮沢賢治の霊の世界』『自然音楽療法』『LYRA コズミック・ハーモニー』『名詩朗読でつづる日本の詩史』『山波言太郎朗読詩集』他多数。

新・自然音楽療法

# 音楽進化論

2000年12月25日 第1刷 発行
2002年 2月11日 第3刷 発行

著　者　山波言太郎

装　幀　桑原香菜子

扉　絵　熊谷　直人

発行者　山波言太郎総合文化財団
発行所　でくのぼう出版

〒248-0014　神奈川県鎌倉市由比ガ浜4-4-11
TEL 0467-25-7707　FAX 0467-23-8742

発売元　星雲社（共同出版社・流通責任出版社）
　　　　東京都文京区水道1-3-30
　　　　電話 03-3868-3275

印　刷　神奈川県高速印刷協同組合

製　本　経文社井上製本

©2000 Yamanami Gentarou
ISBN 4-7952-1096-9 C0073
Printed in Japan.